# 销售管理
## 必备制度与表格范例

肖 剑 ◎ 编著

Sales Management

中国友谊出版公司

## 图书在版编目（CIP）数据

销售管理必备制度与表格范例 / 肖剑编著. -- 北京：中国友谊出版公司, 2018.3
　　ISBN 978-7-5057-4285-7

Ⅰ.①销… Ⅱ.①肖… Ⅲ.①销售管理 Ⅳ.①F713.3

中国版本图书馆CIP数据核字（2018）第005149号

| | |
|---|---|
| 书名 | 销售管理必备制度与表格范例 |
| 作者 | 肖　剑　编著 |
| 出版 | 中国友谊出版公司 |
| 发行 | 中国友谊出版公司 |
| 经销 | 新华书店 |
| 印刷 | 河北鹏润印刷有限公司 |
| 规格 | 710×1000 毫米　16 开<br>20 印张　374 千字 |
| 版次 | 2018 年 3 月第 1 版 |
| 印次 | 2018 年 3 月第 1 次印刷 |
| 书号 | ISBN 978-7-5057-4285-7 |
| 定价 | 59.00 元 |
| 地址 | 北京市朝阳区西坝河南里 17 号楼 |
| 邮编 | 100028 |
| 电话 | (010)64668676 |

# 前　言

可以说，随着市场经济的发展，产业竞争的激烈化，销售在很大程度上已成为企业赖以生存发展的生命线。然而，销售管理对许多企业来说还是个薄弱环节，企业经营者仅知道销售管理的重要性，却不知道如何运用销售管理这一被寄予厚望的"魔棒"。

近几年来，"各领风骚没几年"已是国内诸多产品的大限，万千品牌一个个风风火火崛起又痛痛快快倒下。于是，总听到有企业高层在抱怨销售员难觅，市场蛋糕越做越小，生产的瓶颈也愈来愈萎缩，不明白顾客的刁难咋就那么多，销售锦囊中似乎总是法宝羞涩……

这里，我们倡导的是，21世纪的销售是管出来的。优秀的销售人员是管出来的，大片的市场沃土也是管出来的。我们坚信，标准化的制度管理，科学完备的管理体系，将足以协助平凡人做出不平凡的事；我们坚信，一个众志成城的优秀团队所铸就的辉煌业绩将击败任何销售英雄所创造的零星神话；我们也坚信，拥有详尽的管理制度与便捷的管理表格作保障，加上孜孜不倦的拓展进攻，市场占有率只会越来越大。

基于这样一种信念，我们认为，建立销售管理体系，摆脱过去落后的销售观念和方法已成为当务之急。销售管理体系是一个公司整体营销管理体系和进行专业销售运作的重要组成部分。良好的销售管理体系要能够指导员工工作方向、评估员工业绩、协助员工进步、激励员工士气、稳定员工队伍；要能够使公司预防和减少因少数员工素质、能力或品质问题以及认识调整而导致的交接误差、客户流失、货品流失、货款拖欠或货款流失。全书共分为9章，涉及销售人员职位描述、销售人员招聘与选拔、销售人员考核与任用、销售人员教育与培训、销售人员薪酬与福利、销售市场调查、销售客户调查、销售业务管理，以及客户售后服务中所需要的各种实用必备制度与表格。每一章前几小节都是介绍相关的制度、准则、办法等，便于您随时查阅相关信息；后几小节则由数张表格组成，为您提供方便、实用的销售管理表格。

本书的编写特点有：

（1）表格的编定设计是多层次、全方位的，可供选择的余地较大。

（2）各章节独立性较大，可以单独操作，因而彼此内容稍有重复雷同处，实属难免。

（3）本书以销售为核心内容，但并不囿于其中，相关的经济指标在表格中均有体现，这样更能使本书的内容体系达到完整化、科学化。

参阅使用本书必须注意以下几项内容：

（1）忌生搬硬套、削足适履，宜加以改造，灵活运用；

（2）多张类似表格不必一律用上，选择最为合适者单独或搭配使用；

（3）实际操作不同于表格填写，忌纸上谈兵，应该在实践中自行积累经验教训，大胆改造本书表格；

（4）参阅使用本书的原则为：方便、实用、高效。

由于编者水平有限，加之编著时间仓促，故而有值得商榷之处，还望大方之家不吝赐教。

# 目　　录

## 第1章　销售人员职位描述

1.1　销售人员的作用及职能　/2
1.2　销售人员的主要职责　/3
1.3　大客户经理的能力与职责　/4
1.4　销售经理工作职责　/5
1.5　销售信息主管及信用控制
　　　主管工作职责　/6
1.6　销售总监工作职责表　/7
1.7　销售经理工作职责表　/9
1.8　客户经理工作职责表　/10
1.9　渠道经理工作职责表　/11
1.10　销售工程师工作职责表　/12
1.11　销售培训主管工作职责表　/13
1.12　商务代表工作职责表　/13
1.13　商务助理工作职责表　/14
1.14　销售主管工作职责表　/15
1.15　销售代表工作职责表　/16
1.16　销售助理工作职责表　/17
1.17　电话销售员工作职责表　/18
1.18　医药销售员工作职责表　/19
1.19　促销主管工作职责表　/20
1.20　促销员工作职责表　/21
1.21　发货与统计主管工作职责表　/22
1.22　销售发货员工作职责表　/23
1.23　销售统计员工作职责表　/24
1.24　销售会计工作职责表　/25
1.25　销售文员工作职责表　/25
1.26　计调主管工作职责表　/26
1.27　销售计划员工作职责表　/26
1.28　销售调度员工作职责表　/27
1.29　档案管理员工作职责表　/27

## 第 2 章　销售人员招聘与选拔

- 2.1　聘用销售人员的目的与程序　/30
- 2.2　销售人员招聘与测试规定　/31
- 2.3　招聘销售人员的 14 条注意事项　/32
- 2.4　销售人员招聘面试指导　/34
- 2.5　销售人员招聘面试内容　/37
- 2.6　销售人员聘用制度细则　/39
- 2.7　销售人员试用协议书　/40
- 2.8　销售人员聘用合同书　/41
- 2.9　新销售人员任用办法　/44
- 2.10　销售人员必备招聘表格　/46
- 2.11　销售人员面试考核表　/47
- 2.12　销售人员专业面试考核表　/48
- 2.13　销售人员面试比较表　/49
- 2.14　对有经验销售人员招聘申请表　/50
- 2.15　对有经验销售人员录用调查表　/51
- 2.16　兼职销售人员录用调查表　/52
- 2.17　销售人员招聘复试表　/53
- 2.18　销售人员招聘追踪报告表　/54
- 2.19　销售人员试用申请表　/55
- 2.20　新销售人员试用表　/56
- 2.21　销售人员报到手续表　/57
- 2.22　销售人员职前介绍表　/58
- 2.23　销售人员试用评核表　/60
- 2.24　销售人员选拔标准记录　/61
- 2.25　销售干部选拔评分表　/62

## 第 3 章　销售人员考核与任用

- 3.1　销售人员绩效考核管理制度　/64
- 3.2　销售人员考核种类及规定　/66
- 3.3　销售人员考核必备 5 步骤　/68
- 3.4　销售人员实用考核办法　/69
- 3.5　销售人员实用奖惩办法　/70
- 3.6　销售人员考核 6 个原则　/72
- 3.7　销售人员考核的 5 个误区　/73
- 3.8　销售人员的 9 个考核指标　/75
- 3.9　销售人员考核办法细则　/77
- 3.10　某公司销售人员考核细则　/80
- 3.11　销售人员业务考核报告表　/83
- 3.12　销售人员业绩增减考核表　/84
- 3.13　销售人员业绩综合报告表　/85
- 3.14　销售人员月份实绩统计表　/86
- 3.15　促销人员实用考核表　/87
- 3.16　直销人员实用考核表　/88
- 3.17　销售人员试用期考核表　/89
- 3.18　销售人员基本能力检测表　/91
- 3.19　销售人员人事考核表　/92
- 3.20　销售人员能力考核表　/94
- 3.21　销售人员综合考核表　/95
- 3.22　销售人员年度考核表　/96

| | | | | |
|---|---|---|---|---|
| 3.23 | 有经验销售人员业绩考核表 /98 | | 3.27 | 销售部门业绩考核表 /103 |
| 3.24 | 销售主管能力考核表 /99 | | 3.28 | 销售人员主观考核记分表 /104 |
| 3.25 | 销售经理能力考核表 /100 | | 3.29 | 销售人员业绩指标考核表 /105 |
| 3.26 | 销售经理综合素质考核表 /102 | | | |

# 第4章　销售人员教育与培训

| | | | | |
|---|---|---|---|---|
| 4.1 | 销售人员培训与教育管理办法 /108 | | 4.17 | 销售人员礼仪教育成果检测表 /126 |
| 4.2 | 销售人员培训管理制度 /111 | | 4.18 | 销售人员工作教育成果检测表 /127 |
| 4.3 | 销售人员分类培训目标 /111 | | 4.19 | 销售人员培训计划表 /128 |
| 4.4 | 销售人员培训实施办法 /112 | | 4.20 | 销售人员年度训练计划汇总表 /129 |
| 4.5 | 销售人员培训制度 /112 | | 4.21 | 销售人员团体训练申请表 /130 |
| 4.6 | 销售人员培训规定 /113 | | 4.22 | 销售人员个人外部训练申请表 /131 |
| 4.7 | 销售人员入职培训管理规定 /114 | | 4.23 | 销售人员在职训练费用申请表 /132 |
| 4.8 | 销售部门指导重点 /117 | | 4.24 | 销售人员培训记录表 /133 |
| 4.9 | 新销售人员教育日程表 /118 | | 4.25 | 销售人员在职训练资历表 /134 |
| 4.10 | 内定新销售人员职前教育日程表 /119 | | 4.26 | 销售人员培训报告书 /135 |
| 4.11 | 新销售人员研修报告 /120 | | 4.27 | 销售人员在职训练意见调查表 /136 |
| 4.12 | 新销售人员教育内容检查表 /121 | | 4.28 | 销售人员在职训练测验成绩表 /137 |
| 4.13 | 新销售人员研修事项检查表 /122 | | 4.29 | 销售人员在职训练结训报表 /138 |
| 4.14 | 销售人员缺点检查表 /123 | | 4.30 | 销售人员在职训练实施结果表 /139 |
| 4.15 | 销售人员行为举止检查表 /124 | | 4.31 | 销售人员训练成效调查表 /140 |
| 4.16 | 销售人员不当行为分析表 /125 | | 4.32 | 新销售人员培训成果检测表 /141 |

# 第5章　销售人员薪酬与福利

| | | | | |
|---|---|---|---|---|
| 5.1 | 销售人员薪酬制度设计原则 /144 | | 5.4 | 销售人员工资管理办法 /148 |
| 5.2 | 销售人员薪酬与考核制度 /145 | | 5.5 | 销售人员激励细则 /150 |
| 5.3 | 销售人员工资管理规定 /147 | | 5.6 | 销售人员奖金管理办法 /152 |

5.7 销售人员奖金发放办法 /154
5.8 销售人员薪酬制度范例 /157
5.9 销售人员福利制度范例 /159
5.10 销售人员工资核准表 /161
5.11 新到销售人员工资表 /162
5.12 一般销售人员工资表 /163
5.13 销售骨干工资表 /164
5.14 销售干部奖金核定表 /165
5.15 销售人员工资调整表 /166
5.16 销售人员奖金表 /167
5.17 销售人员奖金核定表 /168
5.18 销售人员薪金等级表 /169
5.19 销售人员提成比例一览表 /169
5.20 兼职销售人员奖金提成核定表 /170

# 第6章 销售市场调查

6.1 市场调查管理制度 /172
6.2 销售市场调查计划的制定 /173
6.3 销售调查计划的实施和控制 /174
6.4 文献调查及其鉴定标准 /175
6.5 焦点访谈调查的步骤 /176
6.6 焦点访谈调查的注意事项 /178
6.7 测定市场容量的步骤 /180
6.8 预测市场容量的方法 /180
6.9 市场营销战略的制定 /182
6.10 市场调查项目分类表 /184
6.11 市场容量调查预测表 /185
6.12 市场调查计划表 /186
6.13 产品市场性分析表 /187
6.14 市场月份状况调查表 /188
6.15 市场开拓调查表 /189
6.16 产品市场占有率预测表 /190
6.17 市场总占有率预测表 /191
6.18 同业产品市场价格调查表 /192
6.19 对竞争对手调查要点 /193
6.20 竞争产品调查表 /195
6.21 竞争商店比较表 /196
6.22 竞争品牌价格调查表 /197
6.23 竞争同业动向一览表 /198
6.24 竞争厂商调查表 /199
6.25 销售方式可行性调查表 /200
6.26 产品占有率预测比较表 /201
6.27 新产品开拓调查分析表 /202

## 第7章　销售客户调查

7.1　销售客户调查制度　/204
7.2　销售客户调查办法　/208
7.3　销售客户调查步骤规定　/210
7.4　销售客户调查操作规程　/212
7.5　客户面试调查实施要领　/214
7.6　客户调查资料分析制度　/217
7.7　销售客户资料分析要点　/218
7.8　客户调查资料处理制度　/222
7.9　销售客户调查方案　/223
7.10　销售客户调查问卷　/225
7.11　销售客户调查报告　/228
7.12　销售客户需求预测报告　/229
7.13　销售客户调查表　/231
7.14　销售客户调查计划表　/232
7.15　客户分组调查计划表　/232
7.16　客户地址分类表　/233
7.17　客户信用调查总表　/234
7.18　客户信用调查明细表　/235
7.19　顾客流量调查表　/236
7.20　顾客构成调查表　/237
7.21　顾客询问内容及购买量调查表　/238
7.22　来店客户调查分析表　/239
7.23　来店顾客购买动向调查表　/240
7.24　销售客户统计表　/241
7.25　客户调查方式改进表　/242

## 第8章　销售业务管理

8.1　销售人员业务素质要求　/244
8.2　对销售人员的工作要求　/245
8.3　销售人员业务管理规定　/248
8.4　销售人员业务工作规定　/250
8.5　销售工作日报表审核须知　/251
8.6　销售人员客户拜访管理办法　/253
8.7　销售拜访查核细则　/254
8.8　销售士气调查管理办法　/256
8.9　销售人员业务管理规定　/258
8.10　商店销售业务管理规定　/260
8.11　销售订单登记表　/270
8.12　销售顾客移交表　/271
8.13　营业状况报告表　/272
8.14　销售业绩综合报告表　/273
8.15　月份销售实绩统计表　/274
8.16　销售业务状况报告表　/275
8.17　销售业务日报表　/276
8.18　营业状况日报表　/277
8.19　业务员工作日报表　/278
8.20　营业状况月报表　/279

# 第9章　客户售后服务

- 9.1　售后服务管理办法　/282
- 9.2　客户抱怨处理办法　/284
- 9.3　销售客户维护办法　/287
- 9.4　客户提案意见处理办法　/289
- 9.5　客户满意度调查办法　/291
- 9.6　不良客户处理办法　/294
- 9.7　售后服务报告表　/295
- 9.8　售后服务调查表　/296
- 9.9　客户服务需求表　/297
- 9.10　客户抱怨联络单　/298
- 9.11　客户抱怨处理表　/299
- 9.12　抱怨处理报告表　/300
- 9.13　售后满意度调查表　/301
- 9.14　客户案件登记追踪表　/302
- 9.15　不良客户报告表　/303
- 9.16　客户投诉案件统计表　/304
- 9.17　销售客户提案表　/305
- 9.18　客户投诉记录表　/306
- 9.19　客户投诉处理日报表　/307
- 9.20　客户索赔一览表　/308

# 第 1 章

# 销售人员职位描述

## 1.1　销售人员的作用及职能

销售人员是具体完成销售工作的一线执行者,负责具体销售工作的实施,销售人员在销售过程中的作用是:
- 与顾客建立长久的友好关系
- 解决顾客存在的问题
- 与渠道客户合作
- 管理信息
- 计划访问
- 填写访问报告
- 展示产品
- 参加会议
- 招募和培养新销售人员
- 接受订单
- 其他

大致来讲,销售人员所从事的职能主要有:
- 推销活动,最好是能为企业带来利润的销售活动
- 服务活动,包括售前、售中和售后服务活动
- 计划制订,包括新老客户拜访计划的制订
- 销售预测,包括按客户、按区域和按产品进行的销售预测
- 管理活动,包括时间管理、费用管理和自我管理等
- 沟通活动,包括向客户推介新产品和介绍企业的新政策等
- 客户沟通记录活动,包括记录下来与谁打交道、时间、地点等等
- 客户投诉处理活动,最好是满意销售,防止客户投诉
- 促销实施,以及协助客户
- 新客户开发和客情维系
- 自我发展和个人职业生涯发展
- 销售管理方面的建议
- 培训渠道客户
- 产品分销与展示,以及售点生动化

- 其他

## 1.2 销售人员的主要职责

从事直接销售工作的销售人员的基本职责包括：
- 市场考察与分析
- 销售计划制定与实施
- 发掘、评估及选择顾客
- 访问计划制订与实施
- 拜访新开发客户与渠道客户合作
- 订单谈判和接受订单
- 售后服务的访问
- 平时的拜访问候与客户维系
- 商品展示
- 销售促进活动实施
- 制作估价单
- 公司情况获取与公司理念宣传
- 与公司联系
- 订购商品
- 销售报告
- 销售事务
- 销售分析、销售统计
- 客户信用调查
- 行政事务
- 账款回收
- 信息整理资料
- 招募和培养新销售人员

这里举出一些行动指针与行动基准的例子以供参考：
- 肩负着公司成长与发展的责任，要用自己的双手创造出公司的繁荣
- 要代表公司帮助客户发展生意，促进客户生意的发展

- 发展和推广业界的新思想与新技术
- 针对顾客的需要满足顾客，必须先了解自己的产品，才能顺利推展销售活动
- 要有学者的头脑、艺术家的心、技术人员的手、劳动者的脚，这些是销售人员的财富
- 用专业化的技术去达成销售目标，要在顾客满意的基础上实现销售目标
- 如果不能紧紧抓住顾客的话，在不知不觉中每年会失去20%的顾客，因此每年至少要开发30%的新顾客，才算是有所成长，可以说，顾客维系至关重要
- 对于销售人员来说，商谈时间最为宝贵，因此，应该尽量减少花在交通或等待上的时间，从而才有足够的时间去为顾客服务

## 1.3 大客户经理的能力与职责

许多企业会在总部设置全国大客户经理一职，特别是快速流转品行业。一般来说，全国大客户经理应具备以下一些基本能力：
- 具备良好的跨部门的沟通技巧
- 具备能承受各种压力的能力
- 具备获取数据及分析各种销售报表以便从中获取资源并决策的能力
- 具备高级的谈判技巧
- 了解销售经理和市场部经理的工作方法和思维方式
- 流利的口语和良好的书面表达能力

下面介绍全国大客户经理的职责描述：

汇报对象：市场和销售总经理

具体职责：
- 明确全国大客户的发展方向，根据市场调查做出销售预测并根据销售预测制定费用预算
- 公司内部以及外部的政策协调
- 发展、培训和激励区域经理

工作内容：
- 同各区域销售经理协调制定可行性客户发展计划和指标及费用预算

- 每 3 个月召开全国大客户销售会议，确定下季度工作方向
- 培训、指导区域经理完成既定的客户销售目标
- 与公司各部门的沟通、协调工作
- 与区域经理每季度回顾、分析、总结每一个客户的销售情况

## 1.4 销售经理工作职责

销售经理直接归由大客户经理领导，并向大客户经理汇报工作：
1. 工作职责
（1）制订部门发展计划；
（2）销售订单的管理；
（3）部门人员的评估、培训及发展；
（4）销售、收款的统计管理；
（5）物流管理；
（6）销售费用的控制；
（7）与其他部门的工作协调。
2. 工作内容
（1）全面负责本部门的工作；
（2）一切工作由销售经理负责；
（3）检查、监督、考核内部各项工作的执行；
（4）部门发展计划的制订、控制、管理；
（5）衔接和协调与各部门之间工作的配合；
（6）做好销售费用的控制及审核；
（7）协助销售经理制定销售战略、年度销售预测；
（8）制定及完善订单管理制度；
（9）与销售经理共同制定退换货政策，并监控此制度的执行；
（10）完善物流程序；
（11）对部门内人员进行评估、激励并不断改进及提升；
（12）接受销售总监的指派，做好各项工作；
（13）部门人员的培训及发展。

## 1.5 销售信息主管及信用控制主管工作职责

销售信息主管直接向销售经理汇报并接受其领导。

1. 工作职责

（1）订单管理；

（2）销售统计。

2. 工作内容

（1）接到订单后，根据订单流程一日内处理订单；

（2）负责订单的统计及归档；

（3）监控订单的执行情况，并及时向各分公司、分销商反馈信息；

（4）分析统计年、月各种规格产品的销售；

（5）统计全国各地直供分销商的销售；

（6）统计各地零售商、展厅、专卖店的销售；

（7）统计各地区销售人员的销售数据；

（8）汇总各地区销售人员反馈回来的市场信息；

（9）根据各地销售情况，作出月度销售分析报表；

（10）完成部门经理交予的工作。

信用控制主管直接向销售经理汇报并接受其领导。

1. 工作职责

（1）每月编制销售代表收款报告；

（2）统计分销商的月度回款；

（3）编制分销商对账单；

（4）编制分销商账龄分析报告；

（5）进行必要的分销商信用额度的控制；

（6）销售促销费用的统计；

（7）完成部门经理交予的工作。

2. 工作内容

（1）信用控制管理；

（2）费用管理；

（3）收款统计；

（4）账龄分析。

## 1.6 销售总监工作职责表

| 职位名称 | 销售总监 | 职位代码 | | 所属部门 | |
|---|---|---|---|---|---|
| 直属上级 | 总经理 | 管辖人数 | | 职等职级 | |
| 晋升方向 | 总经理 | 候选渠道 | | 轮转岗位 | |
| 薪金标准 | | 填写日期 | | 核准人 | |

**工作内容**
- 协助总经理建立全面的销售战略，全面负责公司的业务拓展，管理销售人员的工作
- 组建公司销售团队，规范销售流程，制定销售制度，完成销售目标
- 制定销售预测、预算和相关人力计划，设计并实施促销计划
- 参与建立企业的分销体系及制订、执行业务计划
- 负责对区域销售进行评估、跟踪及管理
- 通过提供咨询的途径向最主要的客户销售企业产品并提供相关解决方案
- 领导团队配合服务部门提供高质量的增值服务、技术服务、培训计划，加强与上游厂家的深入联系
- 深入了解本行业，把握信息，向企业提供业务发展战略与依据
- 拓展并推进主要的客户管理计划及活动

**权责范围**

权力：
- 有权对销售费用的支出进行总体控制
- 有权代表公司对外谈判并签订销售合同
- 对下属人员有考核权
- 对公司产品的价格浮动有建议权、审核权、否决权

责任：
- 对销售计划的完成负组织责任
- 对销售合同的签订、履行和管理负总体责任，如因合同的订立、履行及管理不善给公司造成损失，应负相应的经济责任、行政责任直至法律责任

续表

**任职资格**

教育背景：

营销管理或相关专业大学本科以上学历

经验：

有8年以上销售工作经验，3年以上企业高层管理经验

技能：

- 有丰富的市场营销策划经验，能够识别、确定潜在的商业合作伙伴，熟悉行业市场发展现状
- 具有卓越的营销才能，极强的市场策划与运作能力，且业绩杰出
- 熟悉现代管理模式，熟练运用各种激励措施引导团队，有能力在短时间内组织有力的销售队伍，带领团队高质量地完成公司所制定的销售任务
- 具有出色的市场拓展、项目协调及组织管理能力
- 具有出色的谈判能力和说服力

个性特征：

强烈的进取心，精力充沛，身体健康，乐观豁达，富有开拓精神

**工作环境**

办公室

工作环境舒适，基本无职业病危险

## 1.7 销售经理工作职责表

| 职位名称 | 销售经理 | 职位代码 | | 所属部门 | 销售部 |
|---|---|---|---|---|---|
| 直属上级 | 销售总监 | 管辖人数 | | 职等职级 | |
| 晋升方向 | 销售总监 | 候选渠道 | | 轮转岗位 | |
| 薪金标准 | | 填写日期 | | 核 准 人 | |

**工作内容**
- 负责组织的销售运作，包括计划、组织、进度控制和检讨
- 协助销售总监制定组织的销售计划、销售政策
- 与市场部及组织其他部门合作，执行销售计划
- 能强有力地将计划转变成结果
- 设置销售目标、销售模式、销售战略、销售预算和奖励计划
- 建立和管理销售队伍
- 大客户开拓和维护
- 销售培训及指导

**任职资格**

教育背景：

市场营销或相关专业本科以上学历

培训经历：

受过市场营销、管理学、产业经济、产品知识等方面的培训

经验：

5年以上工作经验

技能及个性特征：

有良好的表达能力及策划能力

能在压力下工作并承担巨大责任

良好的分析、规划、组织能力

**工作环境**

办公室

工作环境比较舒适，基本无职业病危险，工作要求经常出差

## 1.8 客户经理工作职责表

| 职位名称 | 客户经理 | 职位代码 | | 所属部门 | 销售部 |
|---|---|---|---|---|---|
| 直属上级 | 销售经理 | 管辖人数 | | 职等职级 | |
| 晋升方向 | 销售经理 | 候选渠道 | | 轮转岗位 | |
| 薪金标准 | | 填写日期 | | 核准人 | |

**工作内容**
- 策划、组织有关的市场活动
- 分析客户需求，保持与客户的良好关系，寻求机会发展新的业务
- 管理、参与和跟进咨询项目
- 与相关媒体保持良好的关系
- 协调咨询员的业务活动
- 建立管理数据库，跟踪分析相关信息
- 同客户所在公司各部门建立并保持良好的工作关系
- 获得并保持主管要求的最低总利润
- 为公司提供精确的市场信息，主要关注未来趋势

**任职资格**

教育背景：
市场营销或相关专业本科以上学历

培训经历：
受过市场营销、产品知识、产业经济、公共关系等方面的培训

经验：
2年工作经验

技能：
沟通协调能力强
优秀的沟通、演示技巧
扎实的分析技巧及策略规划的变通技巧

个性特征：
积极主动、刻苦、忠于业务

**工作环境**

办公室
工作环境比较舒适，基本无职业病危险，工作要求经常出差

## 1.9 渠道经理工作职责表

| 职位名称 | 渠道经理 | 职位代码 | | 所属部门 | 销售部 |
|---|---|---|---|---|---|
| 直属上级 | 销售经理 | 管辖人数 | | 职等职级 | |
| 晋升方向 | 销售经理 | 候选渠道 | | 轮转岗位 | |
| 薪金标准 | | 填写日期 | | 核准人 | |

工作内容
- 寻找并管理渠道合作者
- 对渠道合作者的资格和开发工作负责
- 管理和组织对渠道合作者的持续支持，包括对合作者的销售和技术培训、售前协助、售后客户服务、技术支持，等等
- 执行渠道战略
- 为推动渠道销售与渠道合作者共同组织联合行动或促销活动

任职资格

教育背景：

营销或相关专业本科以上学历

培训经历：

受过市场营销、渠道管理、产品知识等方面的培训

经验：

3年以上渠道或直接销售经验

有合资或外商独资企业工作经验

技能：

熟悉商业软件市场并对渠道战略具有丰富经验

英语说写流利

良好的人际关系和沟通技能

工作环境

办公室

工作环境比较舒适，基本无职业病危险，工作要求经常出差

## 1.10 销售工程师工作职责表

| 职位名称 | 销售工程师 | 职位代码 | | 所属部门 | 销售部 |
|---|---|---|---|---|---|
| 直属上级 | 销售经理 | 管辖人数 | | 职等职级 | |
| 晋升方向 | 销售经理 | 候选渠道 | | 轮转岗位 | |
| 薪金标准 | | 填写日期 | | 核准人 | |

**工作内容**

- 考证市场是否适宜
- 获取、汇总、更新客户项目有关信息资料
- 保证定期去客户采购部和产品设计部联络
- 与总经理一起参加商务谈判，保证按客户建议进行生产
- 获取有关竞争情况信息，汇总有关资料
- 保证及时供货

**任职资格**

教育背景：

营销或相关专业大学本科以上学历

培训经历：

受过市场营销、产品知识等方面的培训

经验：

1~2年销售经验

技能：

熟练应用计算机

英语流利，可做工作语言翻译

具有较强的社会公关能力

**工作环境**

办公室

工作环境比较舒适，基本无职业病危险，工作要求经常出差

## 1.11 销售培训主管工作职责表

| 岗位名称 | 销售培训主管 | 岗位要求 | 性别 | 男女不限 |
|---|---|---|---|---|
| | | | 年龄 | 25 岁~33 岁 |
| 直接上级 | 销售管理部经理 | | 学历 | 大专以上 |
| | | | 专业 | |
| 直接下级 | 无 | | 经验 | 3 年以上 |
| 工作职责 | ● 根据公司培训计划拟订年度、季度销售培训计划<br>● 收集和编写销售培训教材，指导实施销售培训工作<br>● 寻找、挑选专业培训机构和培训师，保证培训的质量和数量<br>● 检查各种销售培训实施情况，分析评估培训效果 | | | |

## 1.12 商务代表工作职责表

| | |
|---|---|
| 岗位职责 | ● 熟悉公司的各项业务流程，按照流程办事<br>● 熟悉产品性能及价格，了解产品的市场行情<br>● 协调好与供货商的关系，了解产品政策，争取优惠政策<br>● 负责收集供货商的资料并整理归档<br>● 负责收集各种产品资料并整理归档<br>● 负责产品的询价，及时更新报价单<br>● 负责产品的采购，执行采购流程<br>● 负责签订产品采购合同，执行公司合同评审流程<br>● 产品到货后，负责产品的入库手续<br>● 负责商务标书的制作<br>● 领导安排的其他工作 |
| 岗位要求 | 学历及专业：专科以上学历（电子、计算机、管理、市场营销等相关专业）<br>工作经验：一年以上实际工作经验 |
| 能力要求 | ● 有一定的计算机知识<br>● 具有一定的分析思考能力及解决问题的能力<br>● 能协调本部门内部及其他部门的关系<br>● 能很好地协调与供货商的关系<br>● 具有良好的书面及口头表达能力<br>● 达到六级以上英语水平 |

## 1.13 商务助理工作职责表

| 职位名称 | 商务助理 | 职位代码 | | 所属部门 | | 销售部 |
|---|---|---|---|---|---|---|
| 直属上级 | 销售经理 | 管辖人数 | | 职等职级 | | |
| 晋升方向 | | 候选渠道 | | 轮转岗位 | | |
| 薪金标准 | | 填写日期 | | 核准人 | | |

**工作内容**
- 收集汇总有关市场、同行业信息，及时反映市场和销售费用状况
- 建立统一、完整的客户档案，对各种合同文本进行收集备案
- 参加商务谈判，筹备相关工作并作记录
- 负责销售费用和市场费用的统计
- 负责同区域客户经理和其他机构的全面联系
- 负责部门内部的日常接待工作
- 进行本部门与其他部门的协调沟通工作
- 负责完成部门主管安排的其他工作

**任职资格**

教育背景：

经济、市场营销、商务管理、法律相关专业本科以上学历

经验：

有3年以上商务工作经验，有一定的谈判经验

技能及个性特征：

熟悉商务谈判流程及会议安排，文笔好，能独立起草各种商务文档

英语口语流利，并能熟练使用计算机办公软件和设备

有较强的组织计划能力、独立处理问题能力

性格外向、思维敏捷、良好的判断力和沟通力

工作责任心强，有团队协作精神

**工作环境**

办公室

工作环境基本舒适，基本无职业病危险，工作要求经常出差

## 1.14 销售主管工作职责表

| 职位名称 | 销售主管 | 职位代码 |  | 所属部门 | 销售部 |
|---|---|---|---|---|---|
| 直属上级 | 销售经理 | 管辖人数 |  | 职等职级 |  |
| 晋升方向 | 销售经理 | 候选渠道 |  | 轮转岗位 |  |
| 薪金标准 |  | 填写日期 |  | 核 准 人 |  |

**工作内容**
- 根据下达的计划、任务进行业务工作,保证计划任务的完成
- 开拓市场,寻找新客户,扩大业务量
- 经常与经销商联系,衔接与落实货源,协商与控制零售价
- 与零售系统人员配合做好现场展示与促销工作
- 签订销售合同,按时回笼货款,控制发出商品
- 收集各种有关信息并及时反馈
- 建好销售台账

**任职资格**

教育背景:

市场营销或相关专业大专以上学历

培训经历:

受过市场营销、人员管理、财务知识、产品知识等方面的培训

经验:

3年以上营销及管理经验

技能及个性特征:

较好的语言及沟通能力

具有敬业精神、高度责任心和创新精神

有很强的掌控大客户的能力,能吃苦有耐性

**工作环境**

办公室

工作环境比较舒适,基本无职业病危险,工作要求经常出差

## 1.15 销售代表工作职责表

| 职位名称 | 销售代表 | 职位代码 |  | 所属部门 | 销售部 |
|---|---|---|---|---|---|
| 直属上级 | 销售主管 | 管辖人数 |  | 职等职级 |  |
| 晋升方向 | 销售主管 | 候选渠道 |  | 轮转岗位 |  |
| 薪金标准 |  | 填写日期 |  | 核 准 人 |  |

**工作内容**
- 客户关系管理,完成公司的销售任务
- 建立客户关系
- 识别商业机会
- 捕捉商业机会
- 签单及收款
- 客户满意度调查

**任职资格**

教育背景:

市场营销专业大专以上学历

培训经历:

受过市场营销、产品知识等方面的培训

经验:

有一定的销售经验

技能:

熟练使用 Office 办公软件,英语流利

较强的学习与适应能力

良好的表达与沟通能力

个性特征:

乐观进取,勤奋务实,愿意尝试挑战性工作

**工作环境**

办公室

工作环境比较舒适,基本无职业病危险,工作要求经常出差

## 1.16 销售助理工作职责表

| 职位名称 | 销售助理 | 职位代码 | | 所属部门 | 销售部 |
|---|---|---|---|---|---|
| 职　系 | | 职等职级 | | 直属上级 | 销售部经理 |
| 薪金标准 | | 填写日期 | | 核准人 | |

**职位概要：**
协助销售部经理完成销售部门日常事务工作

**工作内容：**
- 协助销售部经理和销售人员输入、维护、汇总销售数据
- 进行成本核算，提供商务报表及部门销售业绩的统计、查询、管理
- 依据统计整理的数据资料，向主管提交参考建议与方案，用于改善经营活动
- 整理公司订单，合同的执行并归档管理
- 协助公司做好售后服务工作
- 内部收支、往来账核对等账目处理
- 接待来访客户及综合协调日常行政事务

**任职资格：**

*教育背景：*
市场营销或相关专业大专以上学历

*培训经历：*
受过市场营销、财务知识、合同管理等方面的培训

*经验：*
1年以上相关工作经验

*技能技巧：*
对市场营销工作有较深刻了解

了解统计软件的使用

熟练操作办公软件和办公自动化设备

*态度：*
坦诚、自信，高度的工作热情

有良好的团队合作精神，有敬业精神

较强的观察力和应变能力，良好的判断力和沟通能力

**工作条件：**
办公室

工作环境舒适，基本无职业病危险

## 1.17 电话销售员工作职责表

| 职位名称 | 电话销售代表 | 职位代码 |  | 所属部门 | 销售部 |
|---|---|---|---|---|---|
| 直属上级 | 电话销售主管 | 管辖人数 |  | 职等职级 |  |
| 晋升方向 |  | 候选渠道 |  | 轮转岗位 |  |
| 薪金标准 |  | 填写日期 |  | 核准人 |  |

工作内容

- 通过电话及直邮方式开发新客户
- 对客户进行回访、调查
- 客户数据统计分析

任职资格

教育背景：

市场营销或相关专业大专以上学历

培训经历：

受过市场营销、产品知识等方面的培训

经验：

具有销售或电话销售经验

技能：

良好的英文，基础计算机操作熟练

头脑灵活，喜欢从事具有挑战性的工作

工作环境

办公室

工作环境比较舒适，基本无职业病危险

## 1.18 医药销售员工作职责表

| 职位名称 | 医药销售代表 | 职位代码 | | 所属部门 | 销售部 |
|---|---|---|---|---|---|
| 直属上级 | 销售经理 | 管辖人数 | | 职等职级 | |
| 晋升方向 | | 候选渠道 | | 轮转岗位 | |
| 薪金标准 | | 填写日期 | | 核准人 | |

工作内容

- 负责公司产品在本区域内零售市场的销售和专业性支持工作
- 负责在本区域内建立分销网及扩大公司产品的覆盖率
- 按照公司计划和程序开展医药产品推广活动,介绍本公司的产品并提供相应资料
- 对所管辖药品零售店进行公司产品宣传、入店培训、理货陈列、公关促销等工作
- 建立客户资料卡及客户档案,完成相关日常性销售报表
- 及时提供市场反馈信息并作出适当建议
- 参加公司召开的会议或组织的培训及与药店工作有关的活动
- 与客户建立良好关系,维护公司形象

任职资格

教育背景:

医学、药学、生物或营销专业大学本科以上学历

经验:

1年以上销售经验

技能及个性特征:

有当地的销售网络和销售关系,熟悉医院运作模式

良好的沟通技巧和说服力,很强的团队合作精神

具有独立分析和解决问题的能力

诚实正直,开拓进取,愿意接受挑战,能承受较大的工作压力

英文阅读能力良好

工作环境

办公室

工作环境基本舒适,基本无职业病危险,工作要求经常出差

## 1.19　促销主管工作职责表

| 职位名称 | 促销主管 | 职位代码 | | 所属部门 | 销售部 |
|---|---|---|---|---|---|
| 职　系 | | 职等职级 | | 直属上级 | 销售部经理 |
| 薪金标准 | | 填写日期 | | 核准人 | |

职位概要：
　　拟订实施促销方案，并监督实施各项促销活动，进行促销效果评估

工作内容：
- 根据公司整体规划，组织实施年度、季度、月度以及节假日的各种促销活动
- 拟订各种促销方案，并监督各种促销方案的实施与效果评估
- 指导监督各区域市场促销活动计划的拟订和实施，制定各市场促销活动经费的申报细则以及审批程序，并对该项程序予以监督
- 设计、发放、管理促销用品
- 协调各区域进行销量的分析并提出推进计划
- 制定不同时期不同促销活动的各项预算，并依据预算控制促销经费的使用

任职资格：
　　教育背景：
　　市场营销、企业管理或相关专业大专以上学历
　　培训经历：
　　受过市场营销、管理技能开发、财务会计基础知识等方面的培训
　　经验：
　　有2年以上同等职位工作经验
　　技能技巧：
　　具备良好的客户意识以及业务拓展能力
　　熟悉公司产品及相关产品的市场行情
　　熟练操作办公软件
　　个性特征：
　　独立工作能力强，有一定领导能力
　　出色的表达能力和说服力，良好的团队合作精神
　　学习能力强，有责任心

工作条件：
　　办公室及工作场所
　　工作环境舒适，基本无职业病危险

## 1.20 促销员工作职责表

| 职位名称 | 促销员 | 职位代码 | | 所属部门 | 销售部 |
|---|---|---|---|---|---|
| 直属上级 | 销售主任 | 管辖人数 | | 职等职级 | |
| 晋升方向 | | 候选渠道 | | 轮转岗位 | |
| 薪金标准 | | 填写日期 | | 核准人 | |

**工作内容**
- 执行市场营销计划，实施本公司产品和业务的推广工作
- 研究本公司产品和业务，向客户进行讲解、提供资料、推广
- 按照销售规范进行推销，与客户建立良好的关系，宣传和维护公司形象
- 及时反馈客户信息，提出市场运作和销售的整改建议
- 为分销商提供必要的讲解、培训和指导

**任职资格**

教育背景：

企业管理或市场营销及相关专业大专以上学历

培训经历：

受过市场营销、产品知识等方面的培训

经验：

最好一年以上促销、市场开发或公关工作经验，应届毕业生择优录取

有本行业工作经验者优先

技能及个性特征：

有着良好的形象和气质，很强的沟通和协调能力，有出色的表达能力和说服力

学习能力强，能够深入研究市场行情和客户心理，及时掌握相关信息

具备良好的客户意识及业务拓展能力

具有一定的中英文写作及阅读水平，熟练操作办公应用软件

独立工作能力强

**工作环境**

办公室

工作环境比较舒适，基本无职业病危险，工作要求经常出差

## 1.21 发货与统计主管工作职责表

| 岗位名称 | 发货与统计主管 | 岗位要求 | 年龄 | 23岁~30岁 |
|---|---|---|---|---|
| 直接上级 | 销售管理部经理 | | 学历 | 大专以上 |
| | | | 专业 | 会计 |
| 直接下级 | 发货员、销售会计 | | 经验 | 3年以上会计或统计 |
| 工作职责 | • 建立健全各类统计台账和统计档案<br>• 负责日常销售统计，对各类销售报表进行审核、整理与汇总<br>• 负责销售合同任务完成情况以及客户让利情况统计<br>• 负责客户销售到款、提货及余额明细统计<br>• 进行统计信息的传送，定期不定期向市场部和销售部反馈统计结果。在已批准的情况及范围内接受统计数据的查询和咨询<br>• 广告品、促销品的发放与统计；<br>• 整体与区域市场销售费用台账与统计 ||||
| 工作规程 | 每日工作<br>①每日发货统计<br>②执行发货与统计主管工作职责<br>每周工作<br>①每周销售汇款统计<br>②每周宣传品、促销品统计<br>每月工作<br>①每月3日完成"客户ABC分析表"<br>②每月5日完成月销售汇款目标及实绩达成分析表（全国、区域，客户、个人）<br>③每月10日完成宣传品发放与使用统计<br>④每月7日完成上月各项费用统计（全国、区域，客户、个人）||||

## 1.22 销售发货员工作职责表

| 岗位名称 | 发货员 | 岗位要求 | 年龄 | 20岁~28岁 |
|---|---|---|---|---|
| 直接上级 | 发货与统计主管 | | 学历 | 大专以上 |
| | | | 专业 | 会计或统计专业 |
| 直接下级 | 无 | | 经验 | 1年以上 |
| 工作职责 | <ul><li>受理订货电话或订货单</li><li>审核整理订货单，办理发货手续，协调发货安排</li><li>开具出库单、发货单、产品调拨单</li><li>建立发货台账</li><li>发货统计</li></ul> | | | |

## 1.23 销售统计员工作职责表

| 职位名称 | 销售统计员 | 职位代码 |  | 所属部门 | 销售部 |
|---|---|---|---|---|---|
| 职　系 |  | 职等职级 |  | 直属上级 | 销售部经理 |
| 薪金标准 |  | 填写日期 |  | 核准人 |  |

职位概要：

建立、管理、维护销售部文件数据档案，为部门制定正确的销售方案、销售计划，提供决策依据。

工作内容：

- 编制销售月报，为公司制定正确的销售策略提供及时、准确的决策依据
- 编制并修改市场部有关文件，以保证销售市场部按照公司的管理模式及质量标准进行工作
- 与其他部门协调客户有关技术方面的需求，以保证及时满足客户要求，从而保证和扩大公司的市场份额
- 迅速而准确地将订单录入，为公司的运行提供及时和可靠的数据基础
- 随时了解客户的变化，配合销售人员的业务工作，保证公司能够及时满足客户的需求

任职资格：

教育背景：

- 统计、市场营销或相关专业大专以上学历

培训经历：

- 受过市场营销、产业经济、财务统计等方面的培训

经验：

- 1年以上相关工作经验

技能技巧：

- 对市场营销工作有所了解
- 熟练掌握统计软件
- 熟练操作办公软件

态度：

- 坦诚自信，高度的工作热情
- 具有团队合作精神

工作条件：

办公室

工作环境舒适，基本无职业病危险

## 1.24　销售会计工作职责表

| 岗位名称 | 销售会计 | 岗位要求 | 年龄 | 23岁~30岁 |
|---|---|---|---|---|
| 直接上级 | 发货与统计主管 | | 学历 | 大专 |
| | | | 专业 | 财会 |
| 直接下级 | 无 | | 经验 | 3年以上 |
| 工作职责 | • 各种费用报告或宣传品促销申请统计<br>• 建立各种费用台账<br>• 根据费用台账对各级市场与客户进行月度、季度、年度销售与费用统计 | | | |

## 1.25　销售文员工作职责表

| 岗位名称 | 销售行政文员 | 岗位要求 | 年龄 | 20岁~28岁 |
|---|---|---|---|---|
| 直接上级 | 销售管理部经理 | | 学历 | 大专以上 |
| | | | 专业 | 文秘 |
| 直接下级 | 无 | | 经验 | 2年以上 |
| 工作职责 | • 与销售部工作有关的来人、来电、来函接待与处理<br>• 负责销售部一线人员的考勤与跟踪<br>• 负责销售部的卫生管理工作<br>• 销售人员各类工作报表的跟踪与收集<br>• 文书处理 | | | |

## 1.26 计调主管工作职责表

| 岗位名称 | 计调主管 | 岗位要求 | 年龄 | 25岁~33岁 |
|---|---|---|---|---|
| 直接上级 | 销售管理部经理 | | 学历 | 大专以上 |
| | | | 专业 | |
| 直接下级 | 计划员、调度员 | | 经验 | 3年以上 |
| 工作职责 | <ul><li>根据市场销售情况与生产部沟通制订合理的产销计划</li><li>根据市场销售情况制定合理的安全库存</li><li>编制年度月度运输计划</li><li>随时分析储运成本变化，考核运输单位</li><li>根据发货单、产品调拨单安排运输</li><li>建立运输费用台账与统计</li><li>规划本部的工作和人员分工</li><li>对运输的成本和安全性负责</li><li>对计划及安全库存的合理性负责</li></ul> ||||

## 1.27 销售计划员工作职责表

| 岗位名称 | 计划员 | 岗位要求 | 年龄 | 23岁~33岁 |
|---|---|---|---|---|
| 直接上级 | 计调主管 | | 学历 | 大专以上 |
| | | | 专业 | |
| 直接下级 | 无 | | 经验 | 2年以上 |
| 工作职责 | <ul><li>结合销售、库存统计资料，各市场销售计划以及历史资料协助部门经理制订年度、季度、月度各地区配货计划</li><li>配合市场促销活动的开展，制订地区性配货计划</li><li>根据市场需求和配货计划，及时与生产部门进行协调，确保各区域市场供货计划的落实</li></ul> ||||

## 1.28 销售调度员工作职责表

| 岗位名称 | 调度员 | 岗位要求 | 年龄 | 20岁~33岁 |
|---|---|---|---|---|
| 直接上级 | 计调主管 | | 学历 | 大专以上 |
| | | | 专业 | |
| 直接下级 | 无 | | 经验 | 1年以上 |
| 工作职责 | <ul><li>制订运输计划</li><li>根据出货单安排发货车辆</li><li>确保运输安全</li><li>根据产品调拨单进行区域间产品调配</li></ul> ||||

## 1.29 档案管理员工作职责表

| 岗位名称 | 档案管理员 | 岗位要求 | 年龄 | 20岁~33岁 |
|---|---|---|---|---|
| 直接上级 | 销售管理部经理 | | 学历 | 大专以上 |
| | | | 专业 | 图书管理或档案管理 |
| 直接下级 | 无 | | 经验 | 1年以上 |
| 工作职责 | <ul><li>销售合同收集整理归档</li><li>客户资料收集整理归档</li><li>各种政策文件资料收集整理归档</li><li>对各种档案的安全性负责</li><li>保守公司机密，不得泄露所保管资料的任何内容</li></ul> ||||

# 第 2 章

# 销售人员招聘与选拔

## 2.1 聘用销售人员的目的与程序

1. **公司招聘的目的**

（1）公司人事录用源于以下八种情况下的人员需求：
- 缺员的补充
- 突发的人员需求
- 确保公司所需的专门人员
- 确保新规划事业的人员
- 公司管理层需要扩充时
- 公司对组织有所调整时
- 为使公司组织更具活力，而必须导入外来经验者时

（2）公司人事录用为公司发展储备人才，促进企业目标的实现。

2. **公司招聘的程序**

（1）申请招聘手续
- 招聘员工的部门在确认并无内部横向调职的可能性后，向人事部门递交书面申请表，并附上需招聘职位说明书，职位说明书的资料可通过工作写实和经验座谈的方法获得
- 人事部门详细审核申请职位的工作性质、等级等事项。如同意其申请，应先在本公司内刊登招聘广告，当确定本公司其他部门并无适当人选时，方可在公司外部刊登广告，并应及时将信息反馈给用人部门

（2）招聘方法

人事部门在刊登外部招聘广告时须注意以下几点：
- 广告设计应突出公司徽记
- 依据用人部门提供的职位说明书拟订广告内容
- 广告设计须使用鼓励性用语
- 广告须说明征聘的岗位、人数及所需的资格条件，并注明待遇

## 2.2 销售人员招聘与测试规定

### 1. 人员招聘作业程序

人事部收集人员增补申请单至一定时期，即行拟订招聘计划，内容包括下列项目：

- 招聘职位名称及名额
- 资格条件限制
- 职位预算薪金
- 预定任用日期
- 招聘网站或同行推荐（诉求方式）
- 资料审核方式及办理日期（截止日期）
- 面试方式及日程安排（含面谈主管安排）
- 场地安排
- 工作能力安排
- 准备事项（通知单、海报、公司宣传资料等）

### 2. 诉求

即将招聘信息告诉大众及求职人，方式如下：

（1）招聘网站征求。

（2）同行推荐。

### 3. 应聘信处理

诉求信息发出后，会收到应聘资料，经审核后，对合格应聘者发出"初试通知"及"面试报名"，通知前来公司接受面试。

### 4. 面试

新进销售人员面试考试分笔试及面谈。

（1）笔试包括下列内容：

- 专业测验（由申请单位拟订试题）
- 定向测验
- 领导能力测验（适合管理级）
- 智力测验

（2）面试。由申请单位主管、人事主管、核定权限主管分别或共同面试。

面试时应注意：
- 要尽量使应聘人员感到亲切、自然、轻松
- 要了解自己所要获知的答案及问题点
- 要了解自己要告诉对方的问题
- 要尊重对方的人格
- 将口试结果随时记录于"面试记录表"

（3）如初次面试不够周详，无法做有效参考，可再发出"复试通知单"，再次安排约谈。

**5. 背景调查**

经面试合格，初步决定的人选，视情况应做有效的背景调查。

**6. 结果评定**

经评定未录取人员，先发出谢函通知，将其资料归入储备人才档案中，以备不时之需。经评定录取人员，由人事主管及用人主管确认录用日期后发给"报到通知"，并安排职前训练有关准备工作。

**7. 注意事项**

应聘资料的处理及背景调查时应尊重应聘人的个人隐私权，注意保密工作。

## 2.3 招聘销售人员的14条注意事项

1. 请记住，招聘工作也是销售工作。不仅要把工作机会告诉别人，而且要把观念、目标、成果、未来发展机会也推销给别人，把所有推销技巧都运用到招聘工作上来。

2. 表现出你是一位成功的销售主管。拥有十足的信心，并以自己的工作为荣耀。把自己的外表、交通工具收拾得整齐有致，事务处理得有条不紊。让应聘者觉得与你一起工作会很愉快。要关心他人，显得开朗、体贴、亲切。

3. 做好准备。定好能达成并切合实际的招募目标和标准。不断练习自己的招募技巧。反复多次地演练面试的内容与技巧，有时不妨把面试内容录下来，再放一遍，纠正自己的缺欠，不断反复练习，直到完全熟练满意为止。

4. 要有平等、达观的观念和态度。招聘入职是公司和求职者双方利益的契合，不是赐予别人良好的工作机会，也不是求别人替你做什么。

5. 坚持"宁缺毋滥"的原则。兵在精不在多，精兵多多益善。

6. 建立和健全招募新人的做法及制度。让你的团队也参与招聘过程。公司前台人员对应聘者的第一印象在很大程度上即可昭示此应聘者接触潜在顾客的情形。如果这个应聘者不够精明，无法给人留下很好的印象来获此职位，那么他拜访客户时就不会表现得更出色。

7. 要求应聘者填写履历表并予以查证，问明离职原因。那些在其他公司有违纪行为的人，难免会在你的公司故伎重演或旧病复发。

8. 招募时多问少说。最好把工作性质及公司状况作基本介绍后，即试探对方的感觉及反应如何，以确知应聘者的意向及选择的态度。

9. 避免过多地承诺。有些主管在招聘时常不自觉地承诺，如入职后会委以何种新职位或被指派去开发某个新的地区。但当公司认为他表现不佳，不满意他时，必然会产生矛盾。

10. 人不可貌相。有些主管太相信自己的眼光及判断能力，事实上，销售人员的素质主要在其韧性、情商与学习能力，与外表、性别、年纪、身材、打扮等因素没有太大的关联。

11. 随时招聘。随时随地留意理想的销售人才。某家公司的销售俊杰即是在等待餐位时被主管慧眼发现的。

12. 遵守面试"三字经"。面试人数至少三人，面试次数至少三次，面试场合至少三种。面试三个人令你有了比较的余地，面试三次能从差别中找出哪些是该求职者固有的特质，在不同场合面试（例如招聘会场、办公室、午餐时）令你对候选人能有一个全方位的了解。

13. 向推荐人全面了解应聘人的相关情况。应聘人只会将那些会给予他们好评的人作为推荐人。即使这样，仍可以打电话给这些推荐人以了解情况，并向他们询问还有谁对应聘人员的专业或是人品有所了解。然后，再给这些人打电话询问以期更深入地了解应聘人的情况。

14. 避免"经验主义"误区。销售人员遴选一定要走出经验主义的误区，找出具有良好销售潜质的人选，而不一定是销售经验丰富的人。所以，销售人员遴选的重点应在于建立科学的遴选标准，而难点则在于建立遴选的选评、测试方法。

## 2.4 销售人员招聘面试指导

**1. 准备面试阶段**

凡事预则立，不预则废。有效的面试始于精心的准备。你的第一项任务是回顾从招聘表、简历、电话考察等来源得到的关于应聘者的信息。然后根据这些背景信息整理出一个面试指导书。面试准备步骤表会指导你完成这项工作。它包括面试中两个部分的准备：对主要背景进行了解部分以及行为类问题部分。它同时让你对进行每个部分的时间做出大概的估计，这将帮助你在实际面试中有效地分配和使用时间。

面试开始的初始印象往往决定了整个面试的基调。为了得到一个正面的印象，我们需要安排好一个专业的面试，并可以增强应聘者的自尊。这些安排包括消除潜在的干扰，比如电话、短信以及突然闯入的其他人。一个不受干扰的应聘给应聘者的信息是：这个谈话很重要，面试官认为你也很重要。

尽可能地把面试安排在专用的面试地点。假如你的办公室或工作场所不能满足私人谈话的条件，可以租用会议室。假如实在找不到私人谈话的地点，你应使应聘者背向其他人，以使应聘者的谈话更开放。

**2. 面试开场白**

（1）一个有效的面试开场白应做到：
- 让应聘者知道你想从面试中了解到什么，你打算如何去做
- 让应聘者知道他将从面试中得到什么
- 用积极的、友好的态度
- 帮助应聘者消除紧张心理

（2）欢迎应聘者，告诉他你的名字和职位，为接下来的面试打下积极的基调：
- 明确表示你欢迎应聘者来应聘本单位的某项职位
- 赞扬应聘者的经验和成就，表示你想进一步了解他
- 感谢应聘者按时来面试

（3）解释面试的目的，告诉应聘者：
- 面试是双方深入了解的机会
- 有助于你进一步了解应聘者的背景和经验

- 有助于应聘者了解应聘的职位和组织

（4）描述面试计划，告诉应聘者你将：

- 回顾应聘者的工作和经验，然后问他在过去的工作经历中做过的事情的实例，以及他是如何做到这一点的
- 提供有关信息，并回答应聘者提出的有关职位和组织的问题
- 提供为了更好地作出决策，双方都应需要的信息
- 在面试过程中做记录。你可以向应聘者解释记录只是为了帮助你以后能记住面试的细节

（5）简要描述工作说明

把话题转到主要背景了解部分，告诉应聘者你将开始回顾了解他的背景情况，要告诉他在了解他的背景概貌后，你将主要会问他更详细的信息。这将使应聘者大致明白你想要的信息的详细程度。

### 3. 主要背景了解

你在面试之前对应聘者的背景了解得越多，那么在面试中你将花费越少的时间去了解其主要背景。精心的准备意味着在面试中你只需要花费几分钟来澄清和扩展你已经收集到的信息。除了节省时间以外，你对应聘者背景的了解越熟，应聘者就越能感受到尊重。你要告诉应聘者，他的背景对于你很重要，你还想了解得多一点。这使得面试有了良好的开端，为整个面试定下了积极的基调。

以下是一些帮助你准备背景回顾了解的技巧：

（1）申请材料回顾

把所有有关的申请材料放在一起，包括简历、申请表以及电话交谈的结果，看看哪些工作和经验与目标工作相关。

（2）工作经历及经验

进一步了解有关这些的信息。注意那些你不太清楚以及你想进一步了解的地方（注意，此时你只是在寻找背景信息）。把你的问题写在主要背景了解表的适当地方。另外，记下你为了了解应聘者的工作、经验，还需要什么样的补充问题。

（3）断层

如果应聘者的工作或教育历史中存在断层，应该在背景回顾中和应聘者讨论存在的断层。只有通过交谈，你才能够清楚为什么会存在断层，以及这些断层是否对应聘者有负面影响。

（4）如何做好背景回顾了解

做好背景了解的关键在于要使应聘者能够集中于只提供概貌性的信息。这是因为你要迅速地做完这个部分，至多能用 5 到 8 分钟。假如有应聘者开始提供详细的信息，你应该提醒他现在你正在询问一般性的信息，不必说得那么详细。

做完背景回顾了解后，再把话题引向行为类问题部分。告诉应聘者现在讨论需要转向，以及他该怎么样回答。比如：

很好，现在我想问你一些工作中的具体情况。当你向我描述这些情况时，希望你能详细告诉我你的行动和结果，怎么样？

以这样的方式导向行为类问题部分会使应聘者明白他该说些什么和怎么去说。

（5）做好背景回顾了解的技巧

①在背景回顾方面不要浪费时间。现在不要问其他的问题，但如果它们出现，可以先在相应的素质部分做个符号，等到该问这个问题时再提醒应聘者继续讲；

②集中精力于应聘者的教育和工作简历中近期的、显著的以及与目标工作类似的方面；

③不要问应聘者年代久远的问题；

④当应聘者谈到他以前工作中令他满意和不满意的地方时，注意那些有助于评估其工作合适度、组织合适度以及地点合适度的信息；

⑤不要把断层和工作变换想当然地视为不太好的，要找出原因才能判断；

⑥只用必要的主要背景回顾结果。

**4. 行为类问题**

（1）有负面影响的问题

一些事先设计好的行为类问题会问到应聘者的负面或敏感信息。尽管询问应聘者诸如一次错误的决策和一次失败的销售不是一件令人愉快的事情，但有重要的理由说明为什么要追究负面的问题：

①可以全面、真实地了解应聘者的行为。为了全面地了解应聘者的行为和公平、准确地评估他，你既需要了解他的成功，也要了解他的失败；

②可以了解到应聘者的一些严重缺点。假如一个应聘者因为不当和无效的行为反复失败，你应该在面试过程中就发现它们，而不是直到录用以后才发现；

③发现应聘者在哪些方面需要发展。知道应聘者在哪些方面需要改进，你就

知道假如录用了这个人，需要花费多大的努力来对他进行培训。

（2）重组问题

你可以自由地根据应聘者的经验和面试流程来改变行为类问题的先后次序。重组问题时要注意：你应该保持问题性质的平衡，即中性问题、正面问题和负面问题的平衡。

①不要一次问太多的负面和敏感问题；

②应该在负面问题之间给应聘者足够的时间描述他成功的地方。

如果不注意保持问题性质的平衡，可能会使应聘者的自尊心受到伤害，会使他在面试中变得小心谨慎。

### 5. 结束面试

当你要考察的素质都有了足够的反馈时，就该结束面试了。面试结束指导书能够使你做到：

①回顾你的记录，确定你是否需要附加信息或澄清什么信息。如果你真的需要更多的信息，现在就有机会问附加问题；

②提供关于职位、组织和地点的信息，回答应聘者的问题；

③告诉应聘者招聘以后的步骤，感谢应聘者，结束面试。

## 2.5　销售人员招聘面试内容

姓名_____　　申请职位_____

1. 工作兴趣
- 你认为这一职位涉及哪些方面的工作
- 你为什么想做这份工作
- 你为什么认为你能胜任这方面的工作
- 你对待遇有什么要求
- 你怎么知道我们公司的

2. 目前的工作状况
- 如果可能，你什么时候可以到我们公司上班
- 你的工作单位是什么，工作职务

3. 工作经历

- 目前或最后一个工作的职务（名称）
- 你的工作任务是什么
- 在该公司工作期间你一直是从事同一种工作吗
- 如果不是，说明你曾从事过哪些不同的工作、时间多久及各自的主要任务是什么
- 你最初的薪水是多少，现在的薪水是多少
- 你为什么要辞去那份工作

4. 教育背景
- 你认为你所受的哪些教育或培训将帮助你胜任所申请的工作
- 对你受过的所有正规教育进行说明

5. 工作以外的活动（业余活动）
- 工作以外你做些什么
- 有哪些兴趣爱好

6. 个人问题
- 你是否愿意出差
- 你最大限度的出差时间可以保证多少
- 你是否能加班
- 你周末是否可以上班

7. 自我评估
- 你认为你最大的优点是什么
- 你认为你最大的缺点是什么

8. 你期望的薪水
9. 你为什么要换工作
10. 你认为你上一个工作的主要工作成绩是什么
11. 你对你上一个工作满意的地方在哪里，还有哪些不满
12. 你与你的上下级及同事的关系怎么样
13. 你认为你有哪些有利的条件来胜任将来的职位
14. 你对我们公司的印象怎样，包括规模、特点、竞争地位等
15. 你对申请的职位的最大兴趣是什么
16. 介绍一下你的家庭情况
17. 对你的工作有激励作用的因素有哪些

18. 你更喜欢独自工作还是协作工作

## 2.6 销售人员聘用制度细则

公司可以参考如下制度制定自己的员工聘用制度：

1. 为加强公司员工队伍建设，提高员工的基本素质，特制定本规定；
2. 公司系统所有员工分为两类：正式员工和短期聘用员工。

正式员工是公司系统员工队伍的主体，享受公司制度中所规定的各种福利待遇。短期聘用员工指具有明确聘用期的临时工、离退休人员以及少数特聘人员，其享受待遇由聘用合同书中规定。短期聘用员工聘期满后，若愿意继续受聘，经公司同意后可与本公司续签聘用合同，正式员工和短期聘用员工均应与本公司签订合同。

3. 公司系统各级管理人员不许将自己亲属介绍、安排到本人所分管的公司里工作，属特殊情况的，需由董事长批准，且介绍人必须立下担保书。

4. 公司各部门和各下属企业必须制定人员编制，编制的制定和修改权限见人事责权划分表，各部门各企业用人应控制在编制范围内。

5. 公司需增聘员工时，提倡公开从社会上求职人员中择优录用，也可由内部员工引荐，内部引荐人员获准聘用后，引荐人必须立下担保书。

6. 从事管理和业务工作的正式员工一般必须满足下述条件：
- 大专以上学历
- 两年以上相关工作经历
- 年龄一般在 35 岁以下，特殊情况不超过 45 岁
- 外贸人员还必须至少精通一门外语
- 无不良行为记录

特殊情况人员，经董事长批准后可适当放宽有关条件，应届毕业生及复员转业军人需经董事长批准后方可考虑聘用。

7. 所有应聘人员除董事长特批可免予试用或缩短试用期外，一般都必须经过 3~6 个月的试用期后才可考虑聘为正式员工。

8. 试用人员必须呈交下述材料：
- 填好的由公司统一发给的招聘表格

- 学历、职称证明
- 个人简历
- 近期相片 2 张
- 身份证复印件
- 体检表
- 结婚证或未婚证明
- 面试或笔试记录
- 员工引荐担保书（由公司视需要而定）

9. 试用人员一般不宜担任经济要害部门的工作，也不宜安排具有重要经济责任的工作。

10. 试用人员在试用期内待遇规定如下：

基本工资待遇分为：

- 高中以下毕业：一等
- 中专毕业：二等
- 大专毕业：三等
- 本科毕业：四等
- 硕士研究生毕业：五等
- 博士研究生毕业：六等

同时，试用人员享受一半浮动工资和劳保用品待遇。

11. 试用人员经试用考核合格后，可转为正式员工，并根据其工作能力和岗位重新确定职称，享受正式员工的各种待遇；员工转正后，试用期计入工龄，试用不合格者，可延长其试用期或决定不予聘用，对于不予聘用者，不发任何补偿费，试用人员不得提出任何异议。

12. 总公司和各下属企业的各类人员的正式聘用合同和短期聘用合同以及担保书等全部材料汇总保存于总公司人事监察部和劳资部，由上述两个单位负责监督聘用合同和担保书的执行。

## 2.7　销售人员试用协议书

兹协议条件如下：

1. 试用期间：自　　年　　月　　日起
   　　　　　至　　年　　月　　日止
   　　　　（计　　月　　日）
2. 工作部门，在　　部　　组担任　　　　一职。
3. 工作时间：每日工作　　小时，如需加班应全力配合，不得以任何不当理由拒绝。
4. 薪资：（1）依照双方协议，月支　　　　元，按实际工作天数计算（含休息日、节假日），凡缺勤或请假均依公司规定办理。
   　　　（2）薪资于每月　　日固定发放。
5. 试用：试用期间应遵守公司管理规则，若任何一方对其职不满，则可经通知对方后随时终止试用，并不得要求任何一方赔偿。

此致

　　　　　　　　　　　　　　　　　　　　　　公司

　　　　　　　　　　　　　　立协议书人：
　　　　　　　　　　　　　　　年　　月　　日

## 2.8　销售人员聘用合同书

甲方：（单位名称）＿＿＿＿＿＿＿＿＿＿＿＿＿＿＿＿＿＿
单位性质＿＿＿＿＿＿＿＿＿＿＿＿＿＿＿＿＿＿＿＿＿
乙方：（员工姓名）＿＿＿＿＿＿＿＿＿＿＿＿＿＿＿＿＿＿
员工家庭住址＿＿＿＿＿＿＿＿＿＿＿＿＿＿＿＿＿＿＿
员工身份证号码＿＿＿＿＿＿＿＿＿＿＿＿＿＿＿＿＿

甲乙双方根据国家劳动法律、法规规定，在平等自愿和协商一致的基础上，签订本合同。

1. 乙方的工作岗位为＿＿＿＿＿＿＿＿＿＿＿＿＿＿＿＿＿＿
2. 本合同期限采取下列第（　　）种形式：
   （1）有固定期限。合同期为　　年，即从＿＿年＿＿月＿＿日起至＿＿年

___月___日止，其中包括试用期___个月［续订合同不改变乙方工种（岗位）的不包括试用期，试用期时间从合同生效日起开始计算］。

（2）无固定期限。合同期从___年___月___日起开始计算，试用期为___个月（采用此种形式应在本合同第十五条规定劳动合同的终止条件）。

（3）以完成_____（生产工作）为期限。

3. 乙方在法定时间内提供正常劳动的试用期工资为    元。月工资包括：基础（标准）工资    元；津贴补贴    元（其中1.___元、2.___元、3.___元等）；其他    元；奖金按甲方的规定执行；加班加点工资按法律规定执行。乙方工资不得低于市政府公布的最低工资标准。实行计件工资（应明确乙方计件定额和计件单价）或提成工资等工资形式的，必须进行合理的折算，其相应的折算不得低于时、日明确的相应的最低工资率。上述劳动报酬确定后，甲方根据乙方贡献大小、技术水平的提高及生产经营情况变化、内部工资的调整适时地确定乙方的工资水平。乙方的劳动报酬随岗位的变化而变化。甲方发放工资的日期为每月___日。

4. 甲乙双方在合同期内应按法律、法规及有关规定参加社会保险，缴纳社会保险费。

5. 甲方应按国家规定提供安全卫生的劳动条件，对乙方进行劳动安全卫生教育，按规定做好女员工、未成年员工、危险性较大的特种作业人员的劳动保护。乙方在劳动过程中，必须严格遵守国家或甲方制定的安全生产操作规程。

6. 在劳动合同期内，双方应遵守国家法律、法规及甲方制定的符合劳动法律、法规的规章制度。乙方违反劳动纪律、法规、规章制度，甲方可根据情节轻重，给予不同的处分，直至开除。

7. 甲乙双方协商一致的，可以解除劳动合同。

8. 乙方有下列情形之一的，甲方可以随时解除劳动合同：

（1）在试用期间被证明不符合录用条件的。

（2）严重违反劳动纪律或甲方规章制度的。

（3）严重失职，营私舞弊，对甲方利益造成重大损害的。

（4）被依法追究刑事责任的。

（5）有贪污、盗窃、赌博、打架斗殴等行为的。

（6）犯有其他严重错误的。

9. 有下列情形之一的，甲方可以解除劳动合同，但应提前30日以书面形式通知乙方：

(1) 乙方患病或者非因公负伤，医疗期满后，不能从事原工作也不能从事由甲方另行安排的工作的。

(2) 乙方不能胜任工作，经培训或调整工作岗位，仍不能胜任工作的。

(3) 劳动合同订立时所依据的客观情况发生重大变化，致使原劳动合同无法履行，经甲乙双方协商不能就变更劳动合同达成协议的。

10. 甲方濒临破产进行法定整顿期间或者经营状况发生严重困难，确需裁减人员的，应当提前 30 日向工会或者全体员工说明情况，听取工会或员工的意见，经向劳动行政部门报告后，可以裁减乙方。

11. 有下列情形之一的，乙方可以随时解除劳动合同：

(1) 在试用期内的。

(2) 甲方以暴力威胁或者非法限制人身自由的手段强迫劳动的。

(3) 甲方未按照劳动合同的约定支付劳动报酬或者提供劳动条件的。

(4) 甲方违反劳动合同，严重侵害乙方合法权益的。

12. 乙方有下列情形之一的，甲方不得解除劳动合同：

(1) 患职业病或因公负伤并被确认丧失劳动能力的。

(2) 患病或负伤，在规定的医疗期内的。

(3) 符合计划生育政策的女员工在孕期、产期和哺乳期的。

(4) 其他不可抗力事件，使乙方不能履行合同的。

(5) 法律、行政法规规定的其他情形。

13. 本合同订明的补充件、附件和甲乙双方协商一致的有关修改合同的文件以及双方订立的培训合同是本合同的组成部分。

14. 一方违反劳动合同，给对方造成损失的，应当根据损害后果和责任大小承担违约责任（违约金数额应在本合同第十五条中订明）。

15. 双方认为需要规定的其他事项：

16. 其他事项本合同没有订明的，按有关规定执行或双方协商解决。双方当事人需变更劳动合同内容的，应当遵循平等自愿、协商一致的原则。本合同订明的事项，与新法律、法规有抵触的，按新法律、法规执行。

17. 本合同签订后，应报劳动部门备案、鉴证。双方必须严格履行。本合同一式三份，甲、乙双方各执一份，一份交劳动部门备案，均具有同等效力。

甲方（盖章）                    乙方
法定代表人（签章）              （签章）
___年__月__日                  ___年__月__日

## 2.9 新销售人员任用办法

1. 依据  本办法依据本公司人事管理规则制定。
2. 人员的增补  各部门因工作需要，需增补人员时，以部门为单位，提出《人员增补申请书》；依可能离职率及工作需要，临时工由各部拟订需要人数及工作日数呈经理核准；现场操作人员由各部门定期（视可能变化确定期限）拟订需要人数呈经理核准；其他人员呈总经理核准。每月5日前将上月人员增补资料列表送总经理室转报董事长。
3. 人员面试  主办部门经核准增补人员的面试，大专以上由总务管理处经营发展中心主办，并以公开招考为原则。主办部门核对报名应考人员之资格应详加审查，对不合报考资格或认为有不拟采用的情况者，应附通知说明未获初审通过之原因。
4. 面试委员会的组成  新进人员面试时应由主办部门筹组面试委员会办理下列有关事项：
（1）考试日期、地点。
（2）命题标准及答案。
（3）命题、主考、监考及阅卷人员的工作分配。
（4）考试成绩评分标准及审定。
（5）其他考试有关事项的处理。
5. 成绩的评分  新进人员面试成绩的评分标准分专业、技能、口试三项，其成绩分比例视面试对象及实际需要由各面试委员会确定，但口试成绩不得超过总成绩的40%。
6. 录用情形填报  面试主办部门于考试成绩评定后，应将各应考人员成绩及录用情形填报总务管理处总经理室。
7. 录取通知  对于拟录取的人员，主办部门应通知申请部门填写《新进人员试用申请及核定表》，大专毕业以上人员由总经理核准，并列表送总务管理处总经理室转报董事长。自招考至通知前来报到的期间原则上不得超过一个月。

8. 报到应缴文件　新进人员报到时应填缴人事资料卡、安全资料、保证书、体格检验表、户口附本及照片，并应缴验学历证书、退伍证以及其他经历证明文件。

9. 试用　新进人员均应先行试用60天。试用期间应由各部门参照其专长及工作需要，分别规定见习程序及训练方式，并指定专人负责指导。

10. 训练计划　有关新进人员的训练计划规定另订。

11. 试用期满的考核　新进人员试用期满后由各负责指导人员或主管按《新进人员任用申请及核定表》详加考核（大专以上人员应附实习报告），如确认其适合则予以正式任用，如确认尚需延长试用则酌予延长，如确属不能胜任或经安全调查有不法情事者即予辞退。

12. 处分规定　新进人员在试用期间应遵守本公司一切规定，如有受记过以上处分者，应即辞退。

13. 试用期间考勤规定　对新进人员在试用期间的考勤规定如下：

（1）事假达5天者应即予辞退。

（2）病假达7天者应即予辞退或延长其试用期予以补足。

（3）曾有旷职的记录或迟到3次者应即予辞退。

（4）公假依所需日数给假，其已试用日期予以保留，假满复职后予以续计。

（5）其他假比照人事管理规则规定办理。

14. 停止试用或辞退　被停止试用或辞退者，仅付试用期间的薪资不另支任何费用，亦不发给任何证明。

15. 试用期间的待遇　试用期间薪资依人事管理规则薪级表标准核支，试用期间年资、考勤、奖惩均予并计。

16. 实施及修改本办法经经营决策委员会通过后实施，修改时亦同。

## 2.10 销售人员必备招聘表格

| 姓名 | | 年龄 | | 性别 | | 婚否 | |
|---|---|---|---|---|---|---|---|
| 籍贯 | | 通讯地址 | | | | 电话 | |
| 学历 | | | | | | | |
| 自我介绍 | | | | | | | |
| 工作经历 | | | | | | | |
| 过去工作成绩 | | | 需要提高之处 | | | | |
| 对销售工作的看法 | | | 对本公司的印象 | | | | |
| 对本公司的希望 | | | | | | | |
| 个人抱负 | | | | | | | |
| 工资要求 | | | 其他要求 | | | | |
| 备注 | | | | | | | |

## 2.11 销售人员面试考核表

| 评定项目 | 评定标准 | 评定等级 ||||
|---|---|---|---|---|---|
| | | 优 | 良 | 中 | 劣 |
| 仪表 | 外表很好、体格正常、干净整洁、健康良好 | | | | |
| 口才 | 吐字清晰、用词恰当、表达透彻、逻辑性强 | | | | |
| 知识 | 大专学历、常识丰富 | | | | |
| 经验 | 专业工作经验及同类工作经验充足 | | | | |
| 智慧 | 思路敏捷、考虑细致、分析合理、理解力强 | | | | |
| 进取 | 上进心强，不过分计较地位权力 | | | | |
| 诚意 | 态度明朗、不易动摇、毫不做作 | | | | |
| 毅力 | 不屈不挠，不轻易变更工作 | | | | |
| 说服 | 能引人注意、激发兴趣、使人领悟、辩论能力强 | | | | |
| 友情 | 唤起他人同情 | | | | |
| 成熟 | 目标明确、责任心强、认识现实、自律力强 | | | | |
| 抱负 | 谋求发展、发挥潜能，争取最大工作成绩 | | | | |
| 综合评估 | | | | | |

评语

主聘面试人：　　　　　　　　　　职位：

## 2.12 销售人员专业面试考核表

               ___年___月___日

| 姓　名 | | 应聘部门 | | 应聘岗位 | | 考　号 | |
|---|---|---|---|---|---|---|---|
| 考核地点 | | 考核形式 | | 考核部门负责人 | | | |
| 考核成绩（笔试） | 基础部分 | | | | | | |
| | 联系实际 | | | | | | |
| | 综合评价 | | | | | | |
| 考核成绩（操作） | 基本功 | | | | | | |
| | 技术难度 | | | | | | |
| | 综合评价 | | | | | | |
| 考核结果 | 考核人： | | | | | | |

注：本表一式两份，一份人力资源部存查，另一份若被录用则装入应聘人档案。

## 2.13 销售人员面试比较表

| 面试职位 | | | 应聘人数 | | 人 初选合格 | | 人 面试日期 | | 月　日至　月　日 |
|---|---|---|---|---|---|---|---|---|---|
| 面试结果 | 姓　名 | 学　历 | 年龄 | 工作经验 | 专业知识 | 态度仪表 | 反应能力 | 其　他 | 面试人员意见 |
| | | | | 相关　合计 | | | | | |
| | | | | | | | | | |
| | | | | | | | | | |
| | | | | | | | | | |
| | | | | | | | | | |
| | | | | | | | | | |
| | | | | | | | | | |
| | | | | | | | | | |
| | | | | | | | | | |
| | | | | | | | | | |
| | | | | | | | | | |
| 面试人员签章 | | | | | | | | | |

## 2.14 对有经验销售人员招聘申请表

| 姓名 | | 性别 | | 年龄 | | 联系方式 | |
|---|---|---|---|---|---|---|---|
| 住址 | | | | | | 邮编 | |
| 电传 | | | | | | 电话 | |
| 原工作单位 | |
| 销售员所提条件 | |
| 原销售业绩 | |
| 原工作职务（地位） | |
| 原工资水准 | |
| 招聘理由 | |
| 面试人员意见 | |
| 主管部门意见 | |
| 该人适合职位 | |
| 该人可能带给公司的收益（量化） | |

## 2.15 对有经验销售人员录用调查表

报告者：　　　　　　　　　　　　　　　____年____月____日

| 原工作单位： | | | |
|---|---|---|---|
| 姓名 | 性别 | 年龄 | 岁 |
| 地址及电话 | | | |
| 家庭成员 | | | |
| 家庭成员工作单位： | | | |
| 毕业学校 | | 技能 | |
| 资格 | | 兴趣 | |
| 现在年收入·工资 | | | |
| 希望年收入·工资 | | | |
| 经历 | | 销售实绩 | |
| 已掌握的业务量 | | | |
| 个人素质： | | | |
| 1. 性格倾向（本人分析） | | | |
| 2. 指导能力 | | | |
| 3. 协调性 | | | |
| 4. 亲和能力 | | | |
| 5. 策划能力 | | | |
| 6. 说服能力 | | | |
| 7. 交涉能力 | | | |
| 8. 交际能力 | | | |
| 9. 语言能力 | | | |
| 10. 包容能力 | | | |
| 承办意见 | | | |
| 综合评价 | | | |
| 附件资料 | | | |

## 2.16 兼职销售人员录用调查表

| 应聘者姓名性别及年龄 | | 面试者 | |
|---|---|---|---|
| 是否录用 | | 备注 | |

| 内　　　　容 | 评　价 | 得分 |
|---|---|---|
| □1. 第一印象 | 5 4 3 2 1 | |
| □2. 开朗 | 5 4 3 2 1 | |
| □3. 外表的清洁感 | 5 4 3 2 1 | |
| □4. 应聘的动机 | 5 4 3 2 1 | |
| □5. 健康 | 5 4 3 2 1 | |
| □6. 信赖感（诚实） | 5 4 3 2 1 | |
| □7. 彬彬有礼 | 5 4 3 2 1 | |
| □8. 打算 | 5 4 3 2 1 | |
| □9. 口齿清晰 | 5 4 3 2 1 | |
| □10. 工作时间恰当 | 5 4 3 2 1 | |
| □11. 家庭环境 | 5 4 3 2 1 | |
| □12. 经验 | 5 4 3 2 1 | |

## 2.17 销售人员招聘复试表

| 应聘职位 | | 面试人员姓名 | | | |
|---|---|---|---|---|---|
| 初试合格 | 人 | 复试人数 | 人 | 需要人数 | 人 |

| 姓名 | |
|---|---|
| 专业知识 | |
| 对销售工作的看法 | |
| 工作积极性及领导能力 | |
| 发展能力 | |
| 要求待遇 | |
| 其他 | |
| 面试人员意见 | |

## 2.18 销售人员招聘追踪报告表

| 阶段<br>执行绩效<br>负责人 | 第一周 | | 第二周 | | 第三周 | | 第四周 | | 合　计 | |
|---|---|---|---|---|---|---|---|---|---|---|
| | 预定人数 | 实际人数 | 预定人数 | 实际人数 | 预定人数 | 实际人数 | 预定人数 | 实际人数 | 预定人数 | 实际人数 |
| | | | | | | | | | | |
| | | | | | | | | | | |
| | | | | | | | | | | |
| | | | | | | | | | | |
| | | | | | | | | | | |
| | | | | | | | | | | |
| | | | | | | | | | | |

## 2.19 销售人员试用申请表

<table>
<tr><td rowspan="9">试用申请</td><td colspan="2">姓名</td><td></td><td>性别</td><td>□男　　□女</td></tr>
<tr><td colspan="2">籍贯</td><td colspan="3"></td></tr>
<tr><td colspan="2">年龄</td><td colspan="3"></td></tr>
<tr><td colspan="2">地址</td><td colspan="3"></td></tr>
<tr><td colspan="2">电话（E-mail）</td><td colspan="3"></td></tr>
<tr><td colspan="2">学历</td><td colspan="3"></td></tr>
<tr><td colspan="2">专长</td><td colspan="3"></td></tr>
<tr><td colspan="2">资历</td><td colspan="3"></td></tr>
<tr><td>直接主管</td><td>意见</td><td colspan="3"></td></tr>
<tr><td colspan="3">董事长　意见</td><td colspan="3"></td></tr>
<tr><td colspan="2">销售部门意见</td><td colspan="4"></td></tr>
<tr><td colspan="2">人事部门意见</td><td colspan="4">考勤记录：<br>职位：<br>薪资：<br>其他：</td></tr>
</table>

55

## 2.20 新销售人员试用表

<table>
<tr><td rowspan="6">人事资料</td><td colspan="2">姓名</td><td colspan="2">应试职位</td><td colspan="2">部门</td></tr>
<tr><td colspan="2">分发部门</td><td colspan="2">面试方式</td><td colspan="2">[ ] 公开招考 [ ] 推荐遴选 [ ] 厂内提升</td></tr>
<tr><td colspan="2">工作经验</td><td>相关 年,</td><td colspan="2">非相关 年,</td><td>共 年</td></tr>
<tr><td colspan="2">年龄</td><td colspan="2"></td><td>学位</td><td></td></tr>
<tr><td colspan="2">特殊技能训练</td><td colspan="4"></td></tr>
<tr><td colspan="6"></td></tr>
</table>

**试用计划**
1. 试用职位:
2. 试用期限:
3. 督导人员:
4. 督导人员工作:[ ] 观察 [ ] 训练
5. 拟安排工作:
6. 训练项目:
7. 试用薪资: 核准: 拟订:

**试用结果考察**
1. 试用期间:自 年 月 日 到 年 月 日
2. 安排工作及训练项目:
3. 工作情形:[ ] 满意 [ ] 尚可 [ ] 差
4. 出勤情况: 返退 次,病假 次,事假 次
5. 评语:[ ] 拟正式任用 [ ] 拟予辞退
6. 正式薪资拟核:

人事经办: 核准: 考核:

## 2.21 销售人员报到手续表

姓名_____

| 部门 | | | | 职称 | | 职等 | |
|---|---|---|---|---|---|---|---|
| 应聘资料 | □ | 身份证复印件 | | □ | 审检证 | | |
| | □ | 毕业证书复印件 | | □ | 务工证 | | |
| | □ | 体检报告书 | | □ | 抚养亲属申报表 | | |
| | □ | 职工资料卡 | | □ | 员工保证书 | | |
| | □ | 照片 | | 经办人签章 | | | |
| 应领事项 | 1 | 员工手册 | | 4 | | | |
| | 2 | 识别证 | | 5 | | | |
| | 3 | 考勤卡及打卡说明 | | 报到人签章 | | | |
| 人事登记 | 1 | 人员变动记录 | 4 | 人员状况 | | 7 | 劳健保 |
| | 2 | 简易名册 | 5 | 到职通报 | | 8 | 核薪 |
| | 3 | 办理识别证 | 6 | 核对担保人 | | 9 | 建档 |
| 总务协办 | 1 | 住宿申请 | | 经办人签名 | | 领物人签名 | |
| | 2 | 领制服 | | 经办人签名 | | 领物人签名 | |
| | 3 | 领衣柜钥匙 | | 经办人签名 | | 领物人签名 | |

## 2.22 销售人员职前介绍表

| 姓　　名 | | 职务 | | 报到日期 | | 年 | 月 | 日 |
|---|---|---|---|---|---|---|---|---|
| | 内　　　　容 | | | | | 介绍人 | | 时间 |
| 准备接待 | 1. 了解他的工作经验、教育程度与所受之专业训练 | | | | | | | |
| | 2. 他的工作说明书，他的职责与责任的说明都准备妥当 | | | | | | | |
| | 3. 将他的工作场所、所需用具准备妥当 | | | | | | | |
| 欢　　迎 | 1. 放松心情 | | | | | | | |
| | 2. 他的从属关系说明 | | | | | | | |
| | 3. 他的工作场所安排，并发给他所需之用具 | | | | | | | |
| 表示关切 | 1. 与他讨论他的背景与兴趣 | | | | | | | |
| | 2. 询问居住有无问题 | | | | | | | |
| | 3. 上下班交通有无问题 | | | | | | | |
| | 4. 在发薪水之前财务上有无问题 | | | | | | | |
| 单位之任务 | 1. 介绍本单位之任务 | | | | | | | |
| | 2. 简介组织概况 | | | | | | | |
| | 3. 解释他在本单位之职责 | | | | | | | |
| | 4. 解释他与其他同仁的关系 | | | | | | | |
| | 5. 介绍他的直属主管与他的属员 | | | | | | | |
| 介　　绍 | 1. 向原有同仁介绍新同仁并说明他的职责 | | | | | | | |
| | 2. 向他介绍每位同仁的工作并略加赞许 | | | | | | | |
| | 3. 安排同仁与他共进午餐（第一日） | | | | | | | |

续表

| | 内　　　　容 | 介绍人 | 时间 |
|---|---|---|---|
| 主要工作内容 | 1. 逐次指示他的工作 | | |
| | 2. 解释工作标准 | | |
| | 3. 指示他工作的场所 | | |
| | 4. 指示他当工作发生困难时，何人可帮助他 | | |
| | 5. 将有关工作规定、技术手册等交他阅读 | | |
| | 6. 指导工具与装备之使用 | | |
| | 7. 强调工作安全 | | |
| | 8. 强调公司机密不可外泄 | | |
| 绩　效 | 1. 察看了解进步情形 | | |
| | 2. 鼓励他提出疑问 | | |
| | 3. 改正错误并给予鼓励 | | |
| 其　他 | | | |

人事部： 　　　　　　部门主管： 　　　　　　新进人员：

## 2.23 销售人员试用评核表

| 姓 名 | | 部 门 | | 职 务 | |
|---|---|---|---|---|---|
| 报到日期 | | 预定转正日期 | | | |

| 自我评价 | |
|---|---|

| 主管评价 | 工作态度 | | 批 准 | |
| | 配合性 | | | |
| | 技 能 | | 审 核 | |
| | 考核结果 | □转正 □延长试用____个月 □辞退 | 拟 文 | |

| 人事意见 | |
|---|---|

| 分管领导意见 | |
|---|---|

## 2.24 销售人员选拔标准记录

| 职位 | | | |
|---|---|---|---|
| 候选人名单 | | | |
| 姓名 | 性别 | 种族 | 备注 |
| | | | |
| | | | |
| | | | |
| | | | |
| 入选人名单 | | | |
| 姓名 | 性别 | 种族 | 原因 |
| | | | |

职位

选拔标准

入选原因

| 组织者 | | 日期 | |
|---|---|---|---|

## 2.25 销售干部选拔评分表

姓名：＿＿＿＿＿＿＿＿＿＿＿＿＿＿＿＿＿＿＿＿＿＿＿＿＿＿＿年＿＿月＿＿日

| 任职部门 | | | | 到职日期 | 年 | 月 | 日 |
|---|---|---|---|---|---|---|---|
| 出生年月 | 年月日岁 | 籍贯 | 省市县 | 性别 | | 学历 | |
| 现任职务 | | | | | | | |

| 本职位经验 | 十年以上 | 五年以上 | 三年以上 | 二年以上 | 执行公司政策 | 贯彻 | 大部分 | 部分 | 小部分 |
|---|---|---|---|---|---|---|---|---|---|
| | 10 | 7 | 4 | 2 | | 10 | 8 | 6 | 2 |
| 统御能力 | 有领导力 | 稍具领导力 | 需要加训练 | 无能力 | 熟悉公司规章的程度 | 熟悉 | 尚熟悉 | 部分 | 不太熟悉 |
| | 10 | 6 | 3 | 0 | | 10 | 8 | 6 | 2 |
| 有否对公司建议 | 十次以上 | 五次以上 | 一次以上 | 无能力 | 工作态度 | 忠贞 | 热诚 | 合作 | 保守 |
| | 10 | 7 | 4 | 0 | | 10 | 8 | 6 | 2 |
| 发展潜力 | 有巨大潜力 | 较有潜力 | 一般 | 没有潜力 | 计分 | 评语： | | | |
| | 10 | 6 | 3 | 0 | | | | | |

以上由评审小组评分

| 学历 | 大专 | 专科 | 高中 | 初中 | 为本公司服务年限 | 十年以上 | 五年以上 | 三年以上 | 一年以上 |
|---|---|---|---|---|---|---|---|---|---|
| | 10 | 8 | 6 | 4 | | 10 | 7 | 4 | 2 |
| 业绩 | 优秀 | 良好 | 一般 | 差 | 热忱参加公司集会 | 参加 | 部分 | 偶尔 | 不参加 |
| | 10 | 7 | 4 | 0 | | 10 | 7 | 4 | 0 |
| 奖励分 | 大功 | 小功 | 嘉奖 | 表扬 | 惩罚分 | 大过 | 小过 | 申诫 | 警告 |
| | 9 | 3 | 1 | 0.5 | | 9 | 3 | 1 | 0 |

以上由评审小组评分　　　计分：

| 批示 | | 人事单位： | 章 |
|---|---|---|---|

第 3 章

销售人员考核与任用

## 3.1 销售人员绩效考核管理制度

**总则**

1. 本规章所进行的绩效考核是企业定期地对部门主管级别（含）以上管理人员的任务绩效和管理绩效进行客观的评价，并运用评价结果，有效地进行人力资源开发与经营管理的一项重要的人事管理工作。

2. 绩效考核的目的是通过对管理人员的定期绩效评价，为薪资调整、职务变更、岗位调动、培训等人事决策提供依据。

3. 绩效考核采用绝对标准方式，即考评人按照员工的岗位描述、工作目标与任务计划、企业规章制度进行考核。

4. 本规章对绩效考核的程序和内容、绩效考核的要素与评价标准、绩效考核结果的运用等作了规定。

5. 本规章适用于公司总经理以下、部门主管级别（含）以上所有的在岗管理人员。

**绩效考核程序和内容**

6. 绩效考核程序见行政工作运行程序。

7. 考核依据基准主要包括：岗位描述、工作目标与任务计划、企业规章制度。

8. 考核内容主要分为任务绩效和管理绩效两个方面。

考核要素构成、定义及简要操作如下：

（1）任务绩效是指个人及部门任务完成情况。

本职工作质量：常规工作合格率、"客户"满意率、责任行为到位率。

本职工作数量：单位时间内完成的工作总量（有效负荷、超额或提前）

本职责任事故：一般性责任事故出现频率。

额外工作任务：上级领导临时交办的有关任务。

（2）管理绩效（管理人员角色行为到位程度）

纪律性：服从领导指挥、遵规守纪、有效管理控制。

组织意识：横向沟通、妥协、合作。

团队建设：部属团队和谐、进取。

忠诚性：维护（不非法侵占）企业利益，积极预防和解决问题。

工作创新：为稳定提高部门或组织的未来绩效所做的工作贡献。

9. 对绩效考核每个因素的评价标准均采用四等级记分，记分含义如下：

4分：良好，明显超出岗位要求；3分：较好，总体满足岗位要求；2分：尚可，与岗位要求稍有差距；1分：差，不能达到岗位要求。

考核总评结果采用五级制，评价含义分别为：A，卓著；B，良好；C，达到要求；D，有待改进；E，不能胜任。

10. 绩效考核分为年度考核和日常考核。年度考核每年一次，日常考核每季度一次。

**绩效考核方法**

11. 各岗位人员绩效考核的直接责任人为其直接上级，人力资源部依据本规章提供技术支持和服务。

12. 个人岗位描述由上级提前制定，在工作实践中根据具体情况要不断修正，修正条款附在原文件后，双方签字并报人力资源部备案。

13. 考核对象在直接上级的指导下，根据岗位要求和上级部门的年度工作目标和任务计划拟定《个人年度目标计划书》，经直接上级审定签字后成为岗位年度绩效考核的重要依据。《个人年度目标计划书》应包括预算内容。

14. 考核对象按照《个人年度目标计划书》，根据不同时期工作重点和工作任务变化情况拟定《个人季度目标计划书》，经直接上级审定签字后成为日常考核的重要依据。《个人季度目标计划书》应包括预算内容。

15. 在考核期内，如有重要工作任务和目标变化，考核对象须及时将变更情况记录在计划书内。

16. 日常考核由直接上级根据考核对象的工作表现定期对其进行简要评估，并记录在案。考核者有义务将日常观察的评估印象与考核对象进行沟通，指导其改进工作。

考核期末，由人力资源部统一组织管理人员实施年度绩效考核。绩效考核评估依据由四方面构成：

（1）个人年度总结。被考核者预先提交《个人年度工作总结书》，并在人力资源部安排的双边述职会议上进行述职。

（2）直接上级日常考核评估记录和年度综合评估意见。

（3）横向部门主管人员评估意见。

（4）隔级上级和企业外部客户评估意见。

17. 部门内各级主管人员绩效评估结果应与部门工作成效呈一致性。如出现较大偏差，部门主管须向人力资源部提交书面解释，并回答有关质询。

18. 最终绩效考核结果依据数据汇总得出。直接上级评定、部门间评定、隔级上级评定，数据的标准合成关系为4：3：3，具体权重系数依据部门绩效标准的清晰性、部门间工作关联性和部门工作环境条件的可控性进行确定。

19. 绩效考核结果的汇总和使用。

（1）绩效考核数据应在考核结束后以部门为单位送达人力资源部。

（2）人力资源部依据规程对所报考核数据的质量进行审查汇总分析，形成管理人员绩效考核报告呈报总经理。

（3）考核数据和报告作为重要管理档案由人力资源部及时存档，妥善保管。

（4）主要考核结果反馈给考核对象的直接上级和隔级上级存用。

20. 年度绩效考核工作完成后，由总经理在公司年度工作总结会上通报最终绩效考核结果。

**附则**

21. 本规章由人力资源部制定，总经办主任审阅后报总经理批准施行。

22. 本规章自20____年____月____日起施行。

## 3.2　销售人员考核种类及规定

1. 公司员工考核分为试用考核、平时考核及年中、年终考核四种。

（1）试用考核：

依本公司人事规则规定，聘任人员均应试用3个月。试用3个月后应参加试用人员考核，由试用单位主管负责考核。如试用单位认为有必要延长试用时间或改派其他单位试用或解雇，应附试用考核表，注明具体事实情节，呈报经理或主任核准。延长试用，不得超过3个月。考核人员应督导被考核人员提交试用期间的自我鉴定书。

（2）平时考核：

各级主管对于所属员工应就其工作效率、操行、态度、学识随时严正考核，有特殊功过者，应随时报请奖惩。

主管人事人员，对于员工假勤奖惩，应统计详载于请假记录簿内，并作为考核的参考。

（3）年中考核：

于每年 6 月底举行，但经决议无必要时可取消年中考核。

（4）年终考核：

员工于每年 12 月底举行总考核 1 次；

考核时，担任初考各单位主管应参考平时考核记录簿及人事记录之假勤记录，填写考核表密送复审。

2. 考核年度为自 1 月 1 日起至 12 月 31 日止。

3. 有下列情况者不得参加考核：

（1）试用人员；

（2）复职未满 3 个月或留职停薪者。

4. 前条不得参加考核人员的姓名，免列于考核人员名册内，但应另附不参加考核人员名册报备。

5. 本公司员工年中、年终考核分为工作效率、操行、态度、学识、勤惰等项目，并可各分细目，以各细目分数评定（每项每分考核表另完成）。

6. 考核成绩分优、甲、乙、丙等四等级。

7. 年中、年终考核分初考、复考及核准。其程序另定。

8. 办理考核人员应严守秘密，不得营私舞弊或泄露。

9. 年中、年终考核时，凡有下列情况之一者，其考核成绩不得列为优等：

（1）所请各假（不包括公假）合计数超过人事规则请假办法规定日数者；

（2）旷工日数达 2 天以上者；

（3）本年度受记过以上处分未经抵消者。

10. 年终奖金的加发与减发：

（1）本公司员工于考核年度内如有下列事情之一者可加发年终奖金：

嘉奖一次加发年终奖金 10%；

嘉功一次加发年终奖金 30%；

记大功一次加发年终奖金 60%；

以上各项嘉奖记功次数以此类推，加发年终奖金。

（2）本公司员工于考核年度内有下列情况之一者，减发年终奖金：

所请名假（不包括公假）合计数超过规定满一星期者，减发 20%，满两星期者，减发 40%，满三星期者，减发 60%；

记过一次减发 20%；

记大过一次减发 60%；

以上各项请假期限及记录次数以此类推，减发年终奖金。

11. 任职未满一年者，其年终奖金按其服务月数比例发给。

## 3.3 销售人员考核必备 5 步骤

销售绩效考评一般遵循以下 5 个步骤：

### 1. 建立基本政策

在进行具体评估之前，管理层应建立一些基本准则：评估组织、评估方法、评估周期等。评估组织最可能的是由销售人员的直接上司（销售主管、地区经理或销售分公司经理、销售经理等）来担任。对于销售人员的评估方法有许多，但公司最终要确定使用哪一种方法来进行评估。至于评估周期，有许多公司每年只做一次全面的绩效评估，但是选择半年或季度的评估甚至是月度评估更能提高销售人员的工作积极性和工作热情。

### 2. 制定考评目标

为了保证绩效考评的顺利进行，销售经理应事先参照公司战略、经营计划、工作目标、工作描述、职位说明等制定目标。

在制定目标时应尽量遵循的几个原则：

（1）目标必须是经努力可以实现的；

（2）目标实现后应有相应的报酬配合；

（3）目标的表述应明确清楚，切忌含糊不清；

（4）目标最好是自己首先提出来的，或上下级共同确认的；

（5）目标要易于考核评估；

（6）目标应根据不同的市场环境而分别制定；

（7）本单位、本部门、个人的目标应与其他有关方面和成员的目标协调与配合。

### 3. 沟通

评估的目标最好是与销售人员共同讨论来制定，这样更能提高销售人员的责任感和集体感，然后签订以此为目标的绩效协议或目标责任制。

**4. 收集数据、资料和信息**

所有决策都需要数据。收集数据、资料和信息的目的是尽早发现潜在的问题，以便同销售人员进行沟通，帮助其改进工作。

评估资料的来源主要有两个途径。最重要的是销售人员的工作报告书，其他来源是通过人的观察、公司的销售记录、客户的销售记录、销售人员自身、销售经理、客户的投诉和其他销售人员的谈话等。

公司销售记录是绝大多数定量数据的来源。通过销售发票、客户订单、会计记录等都可以得到许多关于销售人员销售量、毛利、平均订单规模等信息。至于客户的销售记录可以用来评估为客户服务的销售人员的销售情况。

销售队伍提交的报告是另一个重要的信息来源。拜访报告、活动报告、费用报告等，经常使用能够提供销售人员工作的必要数据。但这些信息必须是准确、完整、及时且真实的才有用。

**5. 绩效考评的实施**

在这一阶段，销售经理的主要任务是对销售人员进行评价，同时评价后要同员工进行面试，以引导、帮助销售人员开发他的潜能。

# 3.4 销售人员实用考核办法

**1. 总则**

（1）每月评分一次。

（2）公司于次年1月核算每一位业务员该年度考核得分：

业务员该年度考核得分 = 业务员该年度1月至12月考核总分 ÷ 12

（3）业务员的考核得分将作为"每月薪资的奖金""年终奖金""调职"的依据。

**2. 考核办法**

（1）销售（占60%）

| 当月达成率 | 分数 |
|---|---|
| 100% 及以上 | 60 分 |
| 90% | 50 分 |
| 80% | 40 分 |
| 70% | 30 分 |

    60%        20 分

（2）纪律及管理配合度（占 40%）

①出勤；

②是否遵守本公司营业管理办法；

③收款绩效；

④开拓新客户数量；

⑤现有客户的升级幅度；

⑥对主管交付的任务是否尽心尽力完成；

⑦其他。

（3）"奖惩办法"的加分或扣分

①业务员的考核，由分公司主任评分，分公司经理初审，营业部经理复审；

②分公司主任的考核，按照所管辖业务的平均分数计算；

③分公司经理的考核，按照该分公司全体业务员的平均分数计算；

④营业部经理的考核，按照本公司全体业务员的平均分数计算；

⑤"考核"与"年终奖金"的关联如下：

| 年度考核得分 | 年终奖金 |
| --- | --- |
| 90 分（含）以上 | 底薪×3 |
| 80 分（含）以上 | 底薪×2.5 |
| 70 分（含）以上 | 底薪×2 |
| 70 分以下 | 底薪×1 |

## 3.5 销售人员实用奖惩办法

1. **奖惩架构**

（1）奖励

- 小功
- 大功

（2）惩罚

- 小过
- 大过

- 解职
- 解雇

（3）其他

- 全年度累计三小功等于一大功
- 全年度累计三小过等于一大过
- 功过相抵

例：一小功抵一小过，一大功抵一大过。

- 全年度累计三大过者解雇
- 记小功一次加当月考核 3 分
- 记大功一次加当月考核 9 分
- 记小过一次扣当月考核 3 分
- 记大过一次扣当月考核 9 分

**2. 奖励办法**

（1）提供"行销新构想"可受奖励

- 提供公司"行销新构想"，而为公司采用，即记小功一次
- 该"行销新构想"一年内使公司获利 50 万元以上者，再记大功一次，年终表扬

（2）开发"新产品"受奖励

- 业务员主动反映可开发的"新产品"而为公司采用，即记小功一次
- 该"新产品"一年内使公司获利 50 万元以上者，再记大功一次，年终表扬

（3）提供竞争对手的动态，被公司采用为决策者，记小功一次。

（4）客户信用调查属实，事先防范得宜，使公司避免蒙受损失者（即呆账），记小功一次。

（5）开拓"新地区""新产品"或"新客户"，成效卓著者，记小功一次。

（6）积极达成业绩目标者记功奖励：

- 达成上半年业绩目标者，记小功一次
- 达成全年度业绩目标者，记小功一次
- 超越年度目标20%（含）以上者，记小功一次

（7）凡公司列为"滞销品"，业务员于规定期限内出清者，记小功一次。

（8）其他表现优异者，视贡献程度予以奖励。

### 3. 惩罚办法

（1）挪用公款者，一律解雇。本公司遵循法律途径向保证人追踪。

（2）与客户串通勾结者，一经查证属实，一律解雇。

（3）做私人生意者，一经查证属实，一律解雇。直属主管若有呈报，免受连带惩罚。若未呈报，不论是否知情，记小过二次。

（4）凡利用公务外出时，无故不执行任务者（含上班时间喝酒），一经查证属实，以旷职处理（按日不发给薪资），并记大过一次。若是干部协同部属者，该干部解职。

（5）挑拨公司与员工的感情，或泄露职务机密者，一经查证属实，记大过一次，情节严重者解雇。

（6）涉足职业赌场或与客户赌博者，记大过一次。

（7）严重未达销售目标者要受罚：
- 上半年销售未达销售目标的70%者，记小过一次
- 全年度销售未达销售目标的80%者，记小过一次

（8）未按规定建立客户资料经上司查获者，记小过一次。

（9）不服从上司指挥者：
- 言语顶撞上司者，记小过一次
- 不遵照上司指令行事者，记小过一次

（10）私自使用公司车辆者，记小过一次。

（11）公司规定填写的报表，未交者每次记小过一次。

# 3.6 销售人员考核6个原则

### 1. 客观、公正与开放

在绩效评估实施过程中，必须严格坚持公开、开放的原则，在公开的基础上保证绩效评估的全面性、公正性和权威性，取得上下认同，顺利推行绩效评估。

进行客观公正的考核，即用事实说话，切忌主观武断。按个体的绝对标准进行考核，考核在于引导销售人员改进工作，要避免他们之间的攀比，影响团体的凝聚力。

考评时应最大限度地减少考核者与被考核者双方对考评工作的神秘感，应该

将考评活动、结果公开化。

**2. 积极反馈和修改**

绩效评估不是评估的终点，评估是一个不断循环的过程，每一次的绩效评估就是下一次评估的起点。评估结果要及时向相关人员反馈，好的东西坚持下来，不足之处加以纠正。评估不但要找出销售上存在的不足，更应该提出解决问题的方案和措施。

**3. 定期化和制度化**

销售人员的绩效考评是一项连续性的管理工作，因而必须定期化、制度化才能全面地了解销售人员的潜能，及时发现团队中的问题做出调整，从而达到管理层所需的目标。

**4. 可靠性和正确性**

绩效评估的目的之一是为了评估和发现组织、销售活动中的优劣，以便做出更好的销售计划来实现更高的目标。如果失去了可靠性和正确的基本要求，绩效评估的目的也就荡然无存了。要保证评估的可靠性和正确性，就要通过大量的调查研究，深入到现场，坚持通过数据、事实说话；要应用调查研究和分析方法，切忌使用"拍脑袋""出点子"等不科学的方式来进行评估。

**5. 可行性和实用性**

可行性是指任何一次考评方案所需的时间、人力、物力、财力要为参与考评各方所处的客观条件所允许。实用性要求评估的工具和方法要适应不同评估目的的要求。因此在制定考评指标时要考虑考评指标的可获得性，是否是很容易获得的；考评的指标是否有助于目标的实现。如果背离了可行性，评估就变得好高骛远，缺乏实用性，评估的真实性就很值得怀疑。

**6. 定性与定量相结合**

对销售人员考核时，定性考评只能反映销售人员的性质特点，定量考评则可能会忽视销售的质量特征。两者结合可以实现有效的互补。

# 3.7 销售人员考核的 5 个误区

**1. 先入为主**

"从前我以新进人员的身份进入公司的时候，那个很凶的上司就拉长一张难看的脸，我相信这个人是一个脾气不好的人。"过去的经验很难在内心深处消除，只要一有事，那张脸就会出现，因而就会歪曲判断。

2. 以偏概全

我们遇到某种特殊情况就会引起特殊反应。还没接触过这个人，就留下对这个人在特殊反应下的印象，这是一种普遍的习性。例如与 A 这个人在酒吧见面，自己和对方都在微醉中，于是彼此都会快快乐乐地谈谈说说，因而就认为对方是一个非常合得来的人。可是 A 这个人一回到工作场所，就像换了一个人似的，不是残酷地对待部属，便是阴谋算计人，有时候竟会偷懒不做事。因为当时沉醉在酒吧的那种特殊氛围中，对他人的性格就无从客观地去认识。工会主席与总经理之间的关系与此很相似。公司总经理和工会主席经常在团体交涉那种紧张状况中相见，所以彼此都会觉得对方是一个难打交道的人。大家都是一个组织的首长，立场虽然不同，但都是相当有见识的人，可是就因为各自担负不同的任务与使命，相互进行艰难的交涉，彼此所看到的就不是他本人日常的面目了，这就是具体情况所造成的。然而人们就有把这特殊情况下的面目误认为是他本来面目的危险。总之，人们都免不了会有把特殊情况中的面目误认为那就是他本人真面目的倾向。

3. 过度范畴化

所谓范畴化就是把事物嵌入某一个范畴中去认识。

根据一个人头衔去评论人。最明显的例子是：凡是著名大学毕业的人，就认为那真是了不起；只念过小学的人，只因为学历较低，就认为没有能力。过度的尊重并拘泥于某一范畴，这就是过度范畴化。

把对方嵌进一个模子里去而加以设想时，很快就会引起一种联想。如说"那家伙是个技术人员"时，不管好坏，总会有个概念产生。例如认为这个人不喜欢人而喜欢机械，多少有点不同于一般人的癖好，口才笨拙，而且因为过分老实，总是吃亏，也会被认为是一个不会赚钱的人。范畴化的确有其方便之处，但是在应用时如不恰当，过度范畴化，就看不到一个人的真面目了。

4. 机械的推论

例如因为他的腿长，就产生他跑起来一定很快的误解，就是一种从机能的推论所滋生出来的错误。

5. 时间的扩张

所谓"三岁看老"是有一定道理的，但是人的思考方法是会变化的。例如有一种立场理论，升任科长就有科长的想法，担任经理就有经理的想法。虽然是一个没有出息的流浪汉，在继承父亲而做董事长时，就会有一种董事长的派头，性格虽然不会变化，多少会做出像董事长的举动来。对许多人来说，从前的概念较强，所以就有一种倾向，认为以前接触过的部属比现在的部属更好。总之，我们都容易有一种时间扩张的倾向。我们都具有这种偏见或倾向，甚至产生偏差，还要去评论别人，如果不成为堂吉诃德就算万幸了。

## 3.8　销售人员的9个考核指标

对于销售人员有些公司会以下列考评指标对其进行考评：

**1. 销售目标达成率**

销售目标达成率的计算公式是：

$$销售目标达成率 = \frac{实际销售额（量）}{销售额（量）目标} \times 100\%$$

需要指出的是，销售额（量）目标的确定一般是根据地区市场潜力、历年来当期销售情况以及公司的一些销售支持等因素确定下来的，另外销售额（量）可以按产品或客户群或订单规模来研究。

**2. 市场份额**

市场份额的计算公式是：

$$市场份额 = \frac{实际销售量}{地区销售总量} \times 100\%$$

市场份额是评估销售人员的又一重要指标，但必须是在各地区的市场总量可以确定的情况下才能使用。

销售管理层在比较销售人员之间的市场份额时必须十分谨慎。因为销售人员A可能获得了所在地区20%的市场份额，而销售人员B只获得了所在地区10%的市场份额。但是销售人员B销售的主要是高档品种，带来更高的毛利。

**3. 毛利目标达成率**

毛利目标达成率的计算公式是：

$$毛利目标达成率 = \frac{毛利额}{毛利额目标} \times 100\%$$

销售经理应该更加关心销售人员创造的毛利，而不是他们的销售量。毛利是销售人员工作效率的一个更好的评估指标，它从某种程度上显示了销售人员销售高利润产品的能力。

### 4. 日拜访数

日拜访数的计算公式是：

$$日拜访数 = \frac{拜访客户总数}{天数} \times 100\%$$

日拜访数是一个销售绩效的关键因素。销售人员如果不拜访客户，就无法销售产品。通常，销售量与拜访次数成正比。可以用销售人员的日拜访数与公平平均水平或者预先标准进行比较。

### 5. 平均成功率

平均成功率的计算公式是：

$$平均成功率 = \frac{订单总数}{总拜访次数} \times 100\%$$

拜访数相当于出击的次数，订单数相当于击中的次数。作为绩效指数，平均成功率显示了选择和拜访好的潜在客户的能力和成交的能力。

结合平均成功比率和拜访数的分析将非常有意义。如果拜访数高于平均水平，但是订单数量低于正常水平，可能销售人员在每个客户身上没有花足够的时间。

### 6. 营业费用比率

营业费用比率的计算公式是：

$$营业费用比率 = \frac{实际营业费用}{实际销售额} \times 100\%$$

销售人员所发生的费用包括出差费用、业务费用、薪酬（工资、佣金、红利）等。费用比率高于平均水平，可能因为销售人员工作差、工作的地区缺乏潜力、在新开辟的地区工作。平均成功率低的销售人员通常单位订单成本高。类似地，日拜访数低的人单位拜访成本肯定也高。

### 7. 货款回收率

货款回收率的计算公式是：

$$货款回收率 = \frac{已收货款}{销售额} \times 100\%$$

对于这一指标的评估，主要是为了指导销售人员能够尽早地收回货款，以提高公司整体的现金流量。同时减少应收账款和坏账的出现。

## 8. 客户投诉率

客户投诉率的计算公式是：

$$客户投诉率 = \frac{被投诉次数}{公司接到的总投诉次数} \times 100\%$$

通过对销售人员的投诉率的评估，长期不断地提高销售人员对客户服务的质量，提高销售的成功率和销售规模，同时还可以不断改进公司的整体服务水平。

除了以上一些对销售人员定量的绩效评估以外，销售经理还可以通过一些对销售人员定性的指标评估，以达到其期望的结果。

如对信息提供的评估是为了获得一些市场一线的信息。当然对信息提供方面做评估，主要是对销售人员的工作态度和工作能力的一个评估，同时也是为促进销售人员自觉地收集市场信息并做相应分析的一个强制性手段。

## 9. 市场监控指标

这里主要是指一些雷区指标，通过对雷区指标的控制来维护市场的稳定和发展，维护公司、客户与消费者三方的共同利益。

# 3.9 销售人员考核办法细则

**总则**

1. 制定目的

为激励销售人员工作士气，鼓励先进，从而提高工作绩效，特制定本办法。

2. 适用范围

本公司各业务部门人员的考核，均依照本办法管理。

3. 权责单位

（1）管理部负责本办法制定、修改、废止之起草工作。

（2）总经理负责本办法制定、修改、废止之核准。

**考核办法**

4. 考核时机

每月 5 日前提出。

5. 考核方式

分为部门考核和个人考核。

6. 考核权责

| 考核 考核 | 初核 | 审核 | 核定 |
|---|---|---|---|
| 部门考核 | 管理部 | 人力资源部 | 总经理 |
| 个人考核 | 部门主管 | 管理部 | 总经理 |

**考核方法**

7. 部门考核

（1）计算权数表：

| 考核项目 | 权数 | 计算方式 |
|---|---|---|
| 收款额目标达成率 | 60 | 达成率×权数＝得分 |
| 营业额目标达成率 | 20 | 达成率×权数＝得分 |
| 收款率 | 20 | 达成率×权数＝得分 |
| 合计 | 100 | |

（2）计算达成率

①收款额目标达成率 $= \dfrac{当月实收款}{当月计划目标收款额} \times 100\%$

②营业额目标达成率 $= \dfrac{当月实际营业额}{当月计划营业额} \times 100\%$

③收款率 $= \dfrac{当月收款额}{当月营业额} \times 100\%$

收款率低于60%，营业额目标达成率得分不得超过最高权数。

（3）部门考核奖金系数：

| 等级 | A | B | C |
|---|---|---|---|
| 得分 | 81分以上 | 60～80分 | 60分以下 |
| 奖金系数 | 1.2 | 1.0 | 0.8 |

8. 个人考核

（1）主管之考核计算

①计算权数表：

| 考核项目 | 权数 | 计算方法 |
| --- | --- | --- |
| 部门考核 | 60 | 部门考核得分×权数=得分 |
| 工作态度 | 20 | 见说明 |
| 职务能力 | 20 | 见说明 |
| 合计 | 100 | |

②权数说明：

a. 工作态度

● 积极性————8分

凡事主动，做事积极，尽最大努力把工作做好。

● 协调性————6分

为了部门的绩效所做的内部沟通、外部沟通。

● 忠诚度————6分

凡事能以公司利益为前提，并忠于职守。

b. 职务能力

● 计划能力————8分

年度计划、月度计划、专家计划之能力。

● 执行能力————6分

各项计划的执行控制及采取改善措施之能力。

● 开发能力————6分

对新产品新服务之开发能力。

（2）业务人员之考核

①计算权数表：

| 考核项目 | 权数 | 计算方法 |
| --- | --- | --- |
| 业绩贡献 | 40 | 实收款目标达成率×权数=得分 |
| | 15 | 收款率 = $\dfrac{当月收款额}{当月营业额} \times 100\%$ |
| | 15 | 营业额目标达成率 = $\dfrac{当月实际营业额}{当月计划营业额} \times 100\%$ |
| 工作态度 | 20 | 见说明 |
| 职务能力 | 10 | 见说明 |
| 合计 | 100 | |

②计算公式：

实收款目标达成率 = $\dfrac{\text{当月实收款}}{\text{当月计划目标营业额}} \times 100\%$

③权数说明：

a. 工作态度 20 分

● 积极性－－－－8 分

凡事主动，做事积极，尽最大努力把工作做好。

● 协调性－－－－6 分

为了绩效更好所做的互相支援、互相帮助。

● 忠诚度－－－－6 分

以公司利益为前提，并忠于职守。

b. 职务能力 10 分

● 计划能力－－－－4 分

年度计划、月度计划、各项专案计划之能力。

● 执行能力－－－－3 分

各项计划的执行控制及采取改善措施之能力。

● 工作品质－－－－3 分

各种资料、各项作业之品质。

④个人考核奖金系数：

| 等　级 | A | B | C |
| --- | --- | --- | --- |
| 得　分 | 86 分以上 | 70～85 分 | 70 分以下 |
| 奖金系数 | 1.2 | 1.0 | 0.8 |

9. 月度绩效奖金计算

①月度考核作为年度升降调薪及年终奖金发放之依据。

②年度内有 6 次 A 等则升等调薪。

③年度内有 6 次 C 等则降等或解除合同。

## 3.10　某公司销售人员考核细则

姓名：　　　　职位：北京地区销售代表　评估时间：

上级：北京地区销售经理　　工作地区：北京市　　制定人：

**评估目标**

在公司的市场营销策略计划、职位描述及公司其他方面的政策与规定中涉及的销售任务和计划的框架下，销售人员必须计划、管理并通过其个人的销售努力、有效地保持和提高公司在其所负责区域内的客户数量和销售数量。销售人员必须在其直接上司的指导和协调下，按公司的各项规定和要求完成各项销售指标和工作任务。

**工作职责**

1. 负责处理公司所委派的地区的销售业务管理，对其所负责地区内的客户业务往来负责。

2. 产品价格。在维持和扩大公司销售业务的前提下，执行公司的价格政策，为公司创造最好的利润。

3. 个人管理、计划和组织。有效地安排时间，开展业务工作，增长知识和技能，以最优秀的表现来完成公司及上级交予的各项任务，并及时提交规定的各项业务报告。

4. 销售行政管理和信息沟通。保证各项业务信息正常流通，与客户保持联系，保持与上司和销售行政助理的沟通，为客户提供最好的服务。

5. 专业形象。在公司内，以及与客户接触时，在言谈外表、业务能力、产品知识和职业操守等方面应具有一个专业销售人员的形象。

**销售指标**

1. 销售指标。2001年全年完成销售任务不少于320万元，平均每季销售指标不少于80万元。

2. 订单金额指标。全年不低于380万元，平均每季不少于95万元。

3. 年客户访问次数。不少于280次，平均每季不少于90次。

4. 新客户开发。全年新客户开发不少于24个，平均每季不少于6个。

5. 新客户销售指标。全年不少于120万元，平均每季不少于30万元。

6. 原有客户维系比例。不得低于80%。

7. 招待费用。全年不得多于3万元，平均每季不得多于0.75万元。

8. 产品展示。全年不得少于20次，平均每季不得少于5次。

**各评估事项**

1. 销售业绩管理

(1) 对所负责的客户进行足够次数的访问。

(2) 尽量减少现有客户的流失量。

(3) 销售指标完成情况。

(4) 积极对目标客户进行访问，开拓新业务，培养新客户。

2. 销售技巧

(1) 提供所负责的地区内有关行业、客户、竞争者的信息。

(2) 确定购买决策人，与其主要决策人保持经常的联系。

(3) 确认客户需求，并迅速安排销售行动。

(4) 为客户提供技术服务的能力。

(5) 有效运用销售技巧。

(6) 完成公司及上级交办的各项任务。

3. 工作知识

(1) 对产品知识的了解。

(2) 对市场及行业的了解。

(3) 对公司的认识及公司各项政策的了解。

4. 自我管理

(1) 有效地运用计划和时间管理技巧，提高工作表现。

(2) 针对每个客户的潜在需求，制定访问目标。

(3) 积极主动地提高自身的工作水平及绩效。

(4) 积极对销售工作进行回顾和检讨。

5. 文件及报告质量

(1) 向管理层汇报重要信息，并对客户的问题提出解决建议。

(2) 保持每次访问的正确记录。

(3) 准时提交各方面业务及费用报告。

6. 费用控制

(1) 招待费用控制。

(2) 有效提高产品价格。

(3) 提供正确的不断更新的价格信息。

(4) 有效运用谈判技巧来获得最好的产品售价及利润。

7. 专业形象

（1）在与客户和同事的联系及相处中表现良好，受到尊重。
（2）为达到销售目标，争取同事们的必要帮助及支持。
（3）有效地表现出引导、说服或建议能力。

## 3.11　销售人员业务考核报告表

_____年_____月_____日

| 日　期 | 1 | 2 | 3 | 4 | 5 | 6 | 7 | 8 | 9 | 10 | 11 | 12 | 13 | 14 | 15 | 16 |
|---|---|---|---|---|---|---|---|---|---|---|---|---|---|---|---|---|
| 天气 晴 | | | | | | | | | | | | | | | | |
| 天气 阴 | | | | | | | | | | | | | | | | |
| 天气 雨 | | | | | | | | | | | | | | | | |
| 天气 台风 | | | | | | | | | | | | | | | | |
| 访问家数 | | | | | | | | | | | | | | | | |
| 电话访问数 | | | | | | | | | | | | | | | | |
| 合　计 | | | | | | | | | | | | | | | | |
| 访问接单 | | | | | | | | | | | | | | | | |
| 来店下单 | | | | | | | | | | | | | | | | |
| 合　计 | | | | | | | | | | | | | | | | |
| 访问收款 | | | | | | | | | | | | | | | | |
| 来店缴款 | | | | | | | | | | | | | | | | |
| 合　计 | | | | | | | | | | | | | | | | |
| 经办人 | | | | | | | | | | | | | | | | |
| 销售部部长 | | | | | | | | | | | | | | | | |
| 经　理 | | | | | | | | | | | | | | | | |
| 备　注 | | | | | | | | | | | | | | | | |

## 3.12 销售人员业绩增减考核表

| 业务人员 | 客户家数 ||||| 销售金额 ||||| 说明备注 |
|---|---|---|---|---|---|---|---|---|---|---|---|
| 姓　　名 | 原有 | 新增 | 删减 | 现有 | 增加 | 原客户 | 新客户 | 本期销售 | 上期销售 | 增加% | |
|  |  |  |  |  |  |  |  |  |  |  |  |
|  |  |  |  |  |  |  |  |  |  |  |  |
|  |  |  |  |  |  |  |  |  |  |  |  |
|  |  |  |  |  |  |  |  |  |  |  |  |
|  |  |  |  |  |  |  |  |  |  |  |  |
|  |  |  |  |  |  |  |  |  |  |  |  |
|  |  |  |  |  |  |  |  |  |  |  |  |
| 合计 |  |  |  |  |  |  |  |  |  |  |  |

总经理：　　　　副经理：　　　　经理：　　　　填写：

## 3.13 销售人员业绩综合报告表

销售员姓名：_____　　　　　　　　　　　　　　____年____月

| 日 | 星期 | 店面招呼客数 | 访问件数 | 送货件数 | 销售件数 | 收款件数 | 前月赊销金额 | 销售金额 | 收款金额 | 赊销余额 | 备注 |
|---|---|---|---|---|---|---|---|---|---|---|---|
| 1 | | | | | | | | | | | |
| 2 | | | | | | | | | | | |
| 3 | | | | | | | | | | | |
| 4 | | | | | | | | | | | |
| 5 | | | | | | | | | | | |
| 6 | | | | | | | | | | | |
| 7 | | | | | | | | | | | |
| 8 | | | | | | | | | | | |
| 9 | | | | | | | | | | | |
| 10 | | | | | | | | | | | |
| 11 | | | | | | | | | | | |
| 12 | | | | | | | | | | | |
| 13 | | | | | | | | | | | |
| 14 | | | | | | | | | | | |
| 15 | | | | | | | | | | | |
| 16 | | | | | | | | | | | |
| 17 | | | | | | | | | | | |
| 18 | | | | | | | | | | | |
| 19 | | | | | | | | | | | |
| 20 | | | | | | | | | | | |
| 21 | | | | | | | | | | | |
| 22 | | | | | | | | | | | |
| 23 | | | | | | | | | | | |
| 24 | | | | | | | | | | | |
| 25 | | | | | | | | | | | |
| 26 | | | | | | | | | | | |
| 27 | | | | | | | | | | | |
| 28 | | | | | | | | | | | |
| 29 | | | | | | | | | | | |
| 30 | | | | | | | | | | | |
| 31 | | | | | | | | | | | |
| 当月计 | 人 | 件 | 件 | 件 | 件 | | | | | | |
| 前月计 | 人 | 件 | 件 | 件 | 件 | | | | | | |

## 3.14  销售人员月份实绩统计表

| 姓名 | 销售额 | 销货退回 | 销货折让 | 销货报损 | 销货净额 | 成本 | 毛利 | 个人费用 ||||  部门分摊 | 净利益 | 收款记录 ||| 成效 |
|---|---|---|---|---|---|---|---|---|---|---|---|---|---|---|---|---|---|
| | | | | | | | | 薪金 | 旅费 | 其他 | 合计 | | | 应收 | 实收 | 未收 | |
| | | | | | | | | | | | | | | | | | |
| | | | | | | | | | | | | | | | | | |
| | | | | | | | | | | | | | | | | | |
| | | | | | | | | | | | | | | | | | |
| | | | | | | | | | | | | | | | | | |
| | | | | | | | | | | | | | | | | | |
| | | | | | | | | | | | | | | | | | |
| | | | | | | | | | | | | | | | | | |
| | | | | | | | | | | | | | | | | | |
| | | | | | | | | | | | | | | | | | |

## 3.15 促销人员实用考核表

| 项目序号 | 工作质量指标 | 计算公式 | 标准分 | 权重 | 标准值 | 最高或最低值 | 实际值 | 得分 | 合计 |
|---|---|---|---|---|---|---|---|---|---|
| 1 | 出勤率 | 出勤天数/规定天数 | 100 | 15% | 100% | 100% | | | |
| 2 | 退换货率 | 退换货量/销售量 | 100 | 5% | 0 | 5% | | | |
| 3 | 业务增长率 | （本月销量－上月销量×0.7）/上月销量 | 100 | 20% | 80% | 30% | | | |
| 4 | 信息反馈率 | 信息反馈量/公司规定的信息反馈量 | 100 | 10% | 100% | 95% | | | |
| 5 | 终端达标率 | 达标分数/100分 | 100 | 30% | 100% | 90% | | | |
| 6 | 直接上级评价 | 由销售主管依据员工表现打分 | 100 | 20% | 100% | 70% | | | |
| 合计 | | | | 100% | | | | | |
| 备注 | 1. 退换货若为产品本身质量原因，不计入退换货量。<br>2. 公司不定期对促销员的产品知识进行考核，体现于终端达标率中。 | | | | | | | | |

## 3.16 直销人员实用考核表

| 项目序号 | 工作质量指标 | 计算公式 | 标准分 | 权重 | 标准值 | 最高或最低值 | 实际值 | 得分 | 合计 |
|---|---|---|---|---|---|---|---|---|---|
| 1 | 出勤率 | 出勤天数/规定天数 | 100 | 15% | 100% | 100% | | | |
| 2 | 退换货率 | 退换货量/销售量 | 100 | 15% | 0 | 5% | | | |
| 3 | 业务增长率 | (本月销量－上月销量×0.7)/上月销量 | 100 | 25% | 80% | 30% | | | |
| 4 | 信息反馈率 | 信息反馈量/公司规定的信息反馈量 | 100 | 20% | 100% | 95% | | | |
| 5 | 直接上级评价 | 由销售主管依据员工表现打分 | 100 | 25% | 100% | 70% | | | |
| 合计 | | | | 100% | | | | | |
| 备注 | 1. 退换货若为产品本身质量原因，不计入退换货量。<br>2. 公司不定期对直销人员的产品知识进行考核，体现于终端达标率中。 | | | | | | | | |

## 3.17 销售人员试用期考核表

| 姓名 | | 员工编号 | | | 部门 | | 所属中心 | |
|---|---|---|---|---|---|---|---|---|
| 职务 | | 入职时间 | | | 试用到期时间 | | | |
| 综合能力评价 ||||||||||

| 考核项目 | 考核内容 | 说明 | 权数 | 评价标准 ||||| 合计 |
|---|---|---|---|---|---|---|---|---|---|
| | | | | 不合格较差,不符合要求 0.3 | 较差低十一般,略需提高 0.5 | 一般合格,基本达到要求 0.7 | 良好良好,经常超出要求 0.9 | 优秀优秀卓越,远超出要求 1 | |
| 工作业绩（40分） | 工作目标完成度 | 是否理解公司经营目标,开展销售工作的方式和思路是否符合市场现状,并出色完成销售任务 | 20 | | | | | | |
| | 工作效率 | 是否能及时按计划完成各项工作任务,时效性高 | 10 | | | | | | |
| | 市场网络 | 市场关系网络的建立、维护、拓展情况 | 10 | | | | | | |
| 工作态度（30分） | 积极性 | 热爱本职工作,有高标准做好职务范围内业务工作的热情 | 8 | | | | | | |
| | 人际协作 | 是否以公司主人翁身份协调上司、同事及其他相关人员的工作及关系,将业务圆满完成 | 8 | | | | | | |
| | 服务意识 | 对内、外客户服务周到、热情 | 8 | | | | | | |
| | 责任感 | 自觉把握在组织中的角色,执行任务时,遇到困难有不屈不挠完成工作的意志,对自己的工作行为表示负责的态度 | 6 | | | | | | |

续表

| 姓名 | | | 员工编号 | | | 部门 | | 所属中心 | |
|---|---|---|---|---|---|---|---|---|---|
| 职务 | | | 入职时间 | | | 试用到期时间 | | | |
| 综合能力评价 ||||||||||
| 工作能力（30分） | 基本知识、技能 | 是否具有扎实的专业技术和丰富的实践经验，并在日常工作中充分发挥、运用 | | 6 | | | | | |
| | 自我管理 | 能否自主管理，自我要求高，独立承担、开展本职工作范围的工作任务 | | 6 | | | | | |
| | 计划组织 | 工作有条理，能事先预测变化并作出规划，合理利用时间，建立有效的追踪作业，使自己和他人行动起来以完成目标 | | 6 | | | | | |
| | 学习能力 | 勤奋好学，积极努力学习各项与工作相关的工作技能，更好地完成工作任务 | | 6 | | | | | |
| | 表达沟通 | 能否根据对方的心理，抓住重点，巧妙地使人接受意见，交流无间 | | 6 | | | | | |
| 考核人综合评价与考核人对员工的发展期望： |||||||| 合计 | |
| ||||||||| 签字： | |
| ||||||||| 日期： | |
| | （70~100分）转正并加薪 | | | （60~69.9分）转正但不予加薪 | | | （0~59.9分）解约 | | |
| 直属总监意见 | | | | | 人力资源部意见 | | | | |
| 签字： | | 日期： | | | 签字： | | | 日期： | |
| | | | | | | | | 签字： | |
| | | | | | | | | 日期： | |

# 3.18 销售人员基本能力检测表

1. 公司的经营理念　　　　　　　　　　　　　　　　第1次评价　第2次评价

| | | |
|---|---|---|
| □了解公司的经营理念 | | |
| □随口能背出经营理念 | | |
| □会逐渐喜欢经营理念 | | |
| □以经营理念为荣 | | |
| □以经营理念为主题，写出感想 | | |

2. 企业的存在意义

| | | |
|---|---|---|
| □了解企业的社会存在意义 | | |
| □了解本公司的社会使命 | | |
| □了解何谓利益 | | |
| □了解创造利益的重要 | | |
| □了解什么是工资与福利 | | |

3. 公司的组织、特征

| | | |
|---|---|---|
| □能以简单的图解表示出公司的组织 | | |
| □了解各部门的主要业务 | | |
| □了解公司的产品 | | |
| □能说出公司产品的特征 | | |
| □能说出公司的资本额、市场比例等数字 | | |

4. 热爱公司的精神

| | | |
|---|---|---|
| □了解公司的历史概况 | | |
| □了解公司创业者的信念 | | |
| □了解公司的传统 | | |
| □喜欢公司的代表颜色或标志 | | |
| □由内心产生热爱公司的热忱 | | |

5. 业界的理解

| | | |
|---|---|---|
| □能说出公司所属的业界 | | |
| □了解业界的现状 | | |
| □了解公司在业界的地位 | | |
| □能提出如何提高公司在业界地位的建议 | | |
| □强烈地关注业界的整体的动向 | | |

## 3.19 销售人员人事考核表

申报日期：____年____月____日

| 姓 名 | | 职称 | | 部 门 | | | |
|---|---|---|---|---|---|---|---|
| 入本企业日期 | 年 月 日（年） | 职位 | | 学 历 | | | |
| 出生年月日 | 年 月 日（年） | 工资 | 元 | 现任主要工作 | | 现行工作时间 | _年_个月 |

| | 项 目 | 理由及建议 | 经理批示 | 总经理批示 |
|---|---|---|---|---|
| 目前工作 | 1. 你认为目前担任的工作对你是否适合（□适合□不太适合□不适合） | | | |
| | 2. 工作的"量"是否恰当（□太多□适中□很少） | | | |
| | 3. 在你执行工作时，你曾感到什么困难 | | | |
| 工作希望 | 1. 你认为你比较适合哪些方面的工作 | | | |
| | 2. 你不适合哪些方面的工作 | | | |
| | 3. 其中最适合你的工作是什么 | | | |
| | 4. 你对现在的工作有什么希望 | | | |
| 薪资及职位 | 1. 你认为你的工作报酬是否合理（□合理□不合理） | | | |
| | 2. 职位是否合理（□合理□不合理） | | | |
| | 3. 职称是否合理（□合理□不合理） | | | |
| | 4. 你的希望 | | | |

续表

| | 项 目 | 理由及建议 | 经理批示 | 总经理批示 |
|---|---|---|---|---|
| 培训 | 1. 你曾否参加公司内部或外部举办的训练（□曾参加□未曾参加） | | | |
| | 2. 曾参加什么训练 | | | |
| | 3. 你希望接受什么项目的训练 | | | |
| | 4. 你对本企业训练的意见如何 | | | |
| 工作分配 | 1. 你认为你的部门当中工作分配是否合理（□合理□不合理） | | | |
| | 2. 什么地方亟待改进 | | | |
| 工作目标 | 1. 你的工作目标是什么 | | | |
| | 2. 你做到什么程度 | | | |
| 特殊贡献 | 1. 你认为本年度对公司的特殊贡献是什么 | | | |
| | 2. 你做到什么程度 | | | |
| 工作构想 | 在你担任的工作中,你有什么更好的构想,请具体说明 | | | |
| 其他 | 1. 请代为安排和面试 | | | |
| | 2. 本人希望或建议 | | | |

## 3.20 销售人员能力考核表

| 职称 | | 部 | 组 | 姓名： | | |
|---|---|---|---|---|---|---|
| 分类 | | 评 价 内 容 | | 满分 | 1次 | 2次 |
| 工作态度 | 1 | 能全心全意地工作，且能成为其他职员的模范 | | 10 | | |
| | 2 | 细心地完成任务 | | 5 | | |
| | 3 | 做事敏捷、效率高 | | 5 | | |
| | 4 | 具备产品知识，能应付顾客的需求 | | 5 | | |
| | 5 | 不倦怠且正确地向上司报告 | | 5 | | |
| 基础能力 | 6 | 精通业务内容，具备处理事务的能力 | | 5 | | |
| | 7 | 掌握职务上的要点 | | 5 | | |
| | 8 | 正确理解上司的指示，并正确地转达 | | 5 | | |
| | 9 | 严守报告、联络、协商的秘密 | | 5 | | |
| | 10 | 在既定的时间内完成工作 | | 5 | | |
| 业务熟练程度 | 11 | 能掌握工作的前提，并有效地进行 | | 5 | | |
| | 12 | 能随机应变 | | 10 | | |
| | 13 | 有价值概念，且能创造新的价值概念 | | 5 | | |
| | 14 | 善于与顾客交涉，且说服力强 | | 5 | | |
| | 15 | 善于与顾客交际应酬，且不浪费 | | 5 | | |
| 责任感 | 16 | 树立目标，并朝目标前进 | | 5 | | |
| | 17 | 有信念，并能坚持 | | 10 | | |
| | 18 | 有开拓新业务的热心 | | 10 | | |
| | 19 | 预测过失的可能性，并想出预防的对策 | | 5 | | |
| 协调性 | 20 | 做事冷静，绝不感情用事 | | 5 | | |
| | 21 | 与他人协调的同时，也朝自己的目标前进 | | 5 | | |
| | 22 | 在工作上乐于帮助同事 | | 5 | | |
| | 23 | 尽心尽力地服从与自己意见相左的决定 | | 10 | | |
| | 24 | 有卓越的交涉与说服能力，且不树敌 | | 5 | | |

续表

| 分类 | | 评价内容 | 满分 | 1次 | 2次 |
|---|---|---|---|---|---|
| 自我启发 | 25 | 以市场的动向树立营业目标 | 10 | | |
| | 26 | 有进取心、决断力 | 10 | | |
| | 27 | 积极地革新、改革 | 5 | | |
| | 28 | 即使是自己分外的事，也会进行企划或提出提案 | 10 | | |
| | 29 | 热衷于吸收新情报或知识 | 10 | | |
| | 30 | 以长期的展望制定目标或计划，并付诸实行 | 10 | | |
| | | 评价分数合计 | 200 | | |

120分以下为不合格；120分~140分为良好；140分~180分为优秀；180分以上为十分优秀。

## 3.21 销售人员综合考核表

___年___月

| 姓名 | | | 初核 | 复核 | 核定 | 备注 |
|---|---|---|---|---|---|---|
| 考核项目 | | 权数 | 计算 | 一次得分 | 二次得分 | 三次得分 |
| 业绩贡献 | | 60 | | | | |
| 工作态度 | 积极性 | 10 | | | | |
| | 协调性 | 8 | | | | |
| | 忠诚度 | 7 | | | | |
| 职务能力 | 计划能力 | 5 | | | | |
| | 执行能力 | 5 | | | | |
| | 开发能力 | 5 | | | | |
| 等级 | | 合计得分 | | | | |

## 3.22 销售人员年度考核表

| 序号 | 考核项目 | 计算公式 | 标准值 | 最低（高）限值 | 标准分 | 权重 | 实际值 | 考核分 |
|---|---|---|---|---|---|---|---|---|
| 1 | 出勤率 | 差旅天数/出勤天数 | 85% | 70% | 100 | 5% | | |
| 2 | 有效性 | 在客户处的天数/差旅天数 | 70% | 60% | 100 | 8% | | |
| 3 | 回访率 | 回访客户次数/规定回访客户的次数 | 100% | 85% | 100 | 8% | | |
| 4 | 差旅费用率 | 累计差旅费用/回款额 差旅费用累计/计划差旅费用累计 | 100% | 105% | 100 | 3% | | |
| 5 | 差旅行动报告率 | 向公司报告的次数/公司规定的次数 | 100% | 90% | 100 | 2% | | |
| 6 | 市场信息反馈率 | 信息反馈量/公司规定的信息反馈量 | 100% | 95% | 100 | 5% | | |
| 7 | 合同回收率 | 合同回收份数/客户数 | 100% | 95% | 100 | 2% | | |
| 8 | 客户增长率 | （当前客户数－上年度客户数）/上年度回款额 | 20% | 50% | 100 | 2% | | |
| 9 | 新客户业务增长率 | 新客户回款额/回款额 | 30% | 10% | 100 | 2% | | |
| 10 | 业务增长率 | （本年度回款额－上年度回款额）/上年度回款额 | 50% | 30% | 100 | 5% | | |
| 11 | 计划准确率 | 实发数量/〔实发数+（预测数量－实发数量）〕 | 85% | 70% | 100 | 8% | | |
| 12 | 退（调）货率 | 退（调）货金额/客户数 | 0 | 5% | 100 | 8% | | |
| 13 | 对账率 | 已对账客户数/客户数 已对账金额/总金额 | 100% 100% | 95% 95% | 100 | 8% | | |

续表

| 序号 | 考核项目 | 计算公式 | 标准值 | 最低（高）限值 | 标准分 | 权重 | 实际值 | 考核分 |
|------|----------|----------|--------|----------------|--------|------|--------|--------|
| 14 | 回单率 | 反馈货单量/发货单总量<br>反馈货单金额/发货总金额 | 100%<br>100% | 95%<br>95% | 100 | 5% | | |
| 15 | 汇单差错率 | 汇单差错笔数/汇单总数 | 0 | 0 | 100 | 5% | | |
| 16 | 业务周转天数 | 累计客户业务往来的天数/累计汇款次数 | 20天/天 | 25天/次 | 100 | 10% | | |
| 17 | 任务完成率 | 回款额/回款任务额<br>发货额/发货任务额 | 100%<br>100% | 80%<br>80% | 100 | 14% | | |
| 18 | 合计 | | | | | 100% | | |

注：计算公式

（1）对考核的说明

①月度考核为：

考核月度的业务量（回款额）×单位业务工资含量×（实际回款率/计划回款率×40% + 工作质量系数×60%）×40%

②年度考核为：

年终的业务量（回款额）×单位业务工资含量×（实际回款率/规定的回款率×40% + 工作质量系数×60%）×60%

（2）工作质量系数 = 考核分/100分

（3）考核分的计算过程为：

①未达标和高于标准值的不奖分

②考核分 = ∑（标准分×权重 – 扣分）

③扣分 = 标准分×权重/［标准值 – 最低（最高）限值］×［标准值 – 实际值］

## 3.23 有经验销售人员业绩考核表

| 姓　名 | | 职　位 | | 服务部门 | | 到职日期 | |
|---|---|---|---|---|---|---|---|
| | 考核项目 | 说　明 | | 最　高　分 | | 考核分数 | |
| 工作表现 | 执行力 | 如期或提前完成交办事项 | | 10 | | | |
| | 工作品质 | 负责事项彻底完成与否 | | 10 | | | |
| | 可靠性 | 负责事项或工作报告的可靠性 | | 10 | | | |
| | 问题研判力 | 分析与解决问题的能力 | | 10 | | | |
| | 工作知识 | 解决问题的知识技术与能力 | | 10 | | | |
| 工作品性 | 自发性 | 主动发掘事情态度 | | 10 | | | |
| | 合作性 | 集体工作态度和协助他人情形 | | 10 | | | |
| | 忠实性 | 对职守忠实、守秘性 | | 10 | | | |
| | 领导力 | 对属下指导、工作指挥能力 | | 10 | | | |
| | 纪律性 | 对制度、规定遵守态度 | | 5 | | | |
| | 才智 | 对问题反应能力 | | 5 | | | |
| 合　计 | | | | 100 | | | |
| 工作潜在能力说明 | | | | | | | |

主管评语（包括应接受训练及上列考核的辅助说明）

| 考核期间 自　　至 | 原工资： | 拟建议调整为： | 晋薪比例： |
|---|---|---|---|
| 人事部门意见： | | 工资核定： 核准：　　　　　日期： | |

60分为合格；60分~70分为良好；70分~80分为优秀；80分以上为十分优秀

## 3.24 销售主管能力考核表

___年___月

| 姓名 | | | | 初核 | |
|---|---|---|---|---|---|
| 考核项目 | | 权数 | 得分 | | 备注 |
| | | | 一次 | 二次 | |
| 部门考核 | | 60 | | | |
| 工作态度 20 | 积极性 | 8 | | | |
| | 协调性 | 6 | | | |
| | 忠诚度 | 6 | | | |
| 职务能力 20 | 计划能力 | 8 | | | |
| | 执行能力 | 6 | | | |
| | 开发能力 | 6 | | | |
| 合计得分 | | | 一次 | 二次 | 等级 |
| | | | | | |

## 3.25 销售经理能力考核表

| 职称 | | 部 | | 组 | 姓名 | |
|---|---|---|---|---|---|---|

| 分类 | | 评 价 内 容 | 满分 | 得分 |
|---|---|---|---|---|
| 工作态度 | 1 | 经营计划的提案实施是否有周全的准备 | 5 | |
| | 2 | 是否以长期的展望探索公司的未来 | 15 | |
| | 3 | 是否能以负责人的眼光注意到全体 | 5 | |
| | 4 | 是否重视经营理念 | 5 | |
| | 5 | 是否有敏锐的利益感觉 | 5 | |
| 基础能力 | 6 | 为了达成目标，是否能站在指挥最前线 | 15 | |
| | 7 | 是否能省钱、早日、确实地达成目标 | 5 | |
| | 8 | 是否重视长期目标的实施 | 5 | |
| | 9 | 是否能严守期限，达成目标 | 5 | |
| | 10 | 能否随机应变，在修改目标值的同时也能达成目标 | 5 | |
| 业务熟练程度 | 11 | 是否能以全公司的立场提议 | 5 | |
| | 12 | 是否能以长期的观点制订计划 | 5 | |
| | 13 | 是否能以公司的观点搜集情报 | 10 | |
| | 14 | 是否能与其他业务人员交流情报 | 5 | |
| | 15 | 是否积极地与其他部门协调 | 10 | |
| 责任感 | 16 | 是否确实把握部属的优缺点 | 5 | |
| | 17 | 是否从旁给予其他部门帮助 | 5 | |
| | 18 | 是否适才适所 | 10 | |
| | 19 | 是否热心培育后继者 | 5 | |

续表

| 职称 | | 部 | | 组 | 姓名 | |
|---|---|---|---|---|---|---|

| 分类 | | 评价内容 | 满分 | 得分 |
|---|---|---|---|---|
| 协调性 | 20 | 是否仔细地聆听部属意见 | 5 | |
| | 21 | 是否注意身体的健康 | 5 | |
| | 22 | 是否谨慎地使用金钱 | 10 | |
| | 23 | 是否热心于小组内部意见的沟通 | 5 | |
| | 24 | 绝不引起异性问题 | 5 | |
| 自我启发 | 25 | 不与顾客勾结 | 10 | |
| | 26 | 对社会及时代的变迁是否敏锐 | 5 | |
| | 27 | 是否热心于吸取新技术与知识 | 10 | |
| | 28 | 站在国际的视野上是否能自我革新 | 5 | |
| | 29 | 为了改善，是否可以抛弃前例 | 5 | |
| | 30 | 是否不怠于未来的预测 | 5 | |
| | | 评价分数合计 | 200 | |

120分为合格；120分~140分为良好；140分~180分为优秀；180分以上为特别优秀

## 3.26 销售经理综合素质考核表

| 职称\项目 | NO. | 姓名 | 检查 年 月 日 |
|---|---|---|---|
| 领导能力 | 率先示范，受部属信赖 | | 5 4 3 2 1 |
| 计划性 | 能以长期的展望拟定计划 | | 5 4 3 2 1 |
| 先见性 | 能预测未来，拟定对策 | | 5 4 3 2 1 |
| 果断力 | 能当机立断 | | 5 4 3 2 1 |
| 执行力 | 朝着目标断然地执行 | | 5 4 3 2 1 |
| 交涉力 | 关于公司内外的交涉 | | 5 4 3 2 1 |
| 责任感 | 有强烈的责任感，可信赖 | | 5 4 3 2 1 |
| 利益感 | 对利益有敏锐的感觉 | | 5 4 3 2 1 |
| 数字概念 | 有数字概念 | | 5 4 3 2 1 |
| 国际意识 | 有国际意识、眼光广阔 | | 5 4 3 2 1 |
| 自我启发 | 经常努力地自我启发、革新 | | 5 4 3 2 1 |
| 人　缘 | 受部属、同事尊敬、敬爱 | | 5 4 3 2 1 |
| 协调性 | 与其他部门的协调联系密切 | | 5 4 3 2 1 |
| 创造力 | 能将创造力应用于工作 | | 5 4 3 2 1 |
| 情报力 | 对情报很敏锐，且有卓越的收集力 | | 5 4 3 2 1 |
| 评　价 | 分数越多越优秀 | | 得分 |

本表从15个方面对销售经理的能力进行了全面考核，有利于企业家对销售经理的能力有一个正确评估。

评分标准：65分以上为能力超强。

60分~65分为能力强。

55分~60分为能力较强。

50分~55分为能力一般。

50分以下为能力差。

## 3.27 销售部门业绩考核表

_____年_____月_____日

| 考核项目 | 权数 | 计算 | 初核得分 | 核定得分 |
|---|---|---|---|---|
| 收款率 | 60 | 当月收款/当月计划目标收款额×100% | | |
| 销售额目标达成率 | 20 | 当月实际销售额/计划销售额×100% | | |
| 未收款率 | 20 | (当月销售额－当月收款额)/当月销售额×100% | | |
| 等级 | | 合计得分 | | |

## 3.28 销售人员主观考核记分表

被考评人：　　　　　　　　　　　　　　　　　　　　　　　职位：

| | 考核内容和要求 | 直接主管评分 | 更高一级主管评分 | 平均分 | 分数 |
|---|---|---|---|---|---|
| 岗位职责履行情况及领导交办任务完成情况考核 | 工作经常失误或严重失误，造成严重后果 | | | | 0~10 |
| | 能基本完成任务，效率不高，质量一般 | | | | 11~20 |
| | 基本完成工作任务，质量较好，效率高 | | | | 21~25 |
| | 圆满完成工作任务，成绩优异，效率高 | | | | 26~30 |
| 态度考核 | 工作积极性、主动性 | 经常拒绝接受任务 | | | 0~4 |
| | | 接受任务，但不够主动 | | | 5~7 |
| | | 愉快接受任务、工作主动 | | | 8~10 |
| | 协作性，协助相关部门工作情况 | 无协助 | | | 0~4 |
| | | 协助，但欠主动 | | | 5~7 |
| | | 主动协助 | | | 8~10 |
| | 责任心 | 责任心差 | | | 0~4 |
| | | 有一定责任心 | | | 5~7 |
| | | 责任心强 | | | 8~10 |
| | 规章制度遵守情况 | 报告、计划、日记不能及时、全面、真实、细致填报，严重或经常违反公司规章制度 | | | 0~4 |
| | | 报告、计划、日记不够认真细致、全面及时，无违反规章制度或偶尔有之，但不严重 | | | 5~7 |
| | | 报告、计划、日记能够全面真实、认真细致、及时填报，无违反规章制度现象 | | | 8~10 |
| | 日常纪律会议纪律 | 经常迟到、早退、离岗、旷工 | | | 0~4 |
| | | 偶尔迟到、早退、离岗、旷工 | | | 5~7 |
| | | 无迟到、早退、离岗、旷工 | | | 8~10 |
| 能力考核 | | 专业熟练程度与组织管理能力均差 | | | 0~9 |
| | | 专业熟练程度一般，组织管理能力一般 | | | 10~15 |
| | | 专业熟练，组织管理能力强 | | | 16~20 |

直接主管评分：　　　　　　上级主管复核评分：　　　　　　总评分：

## 3.29　销售人员业绩指标考核表

| 考核指标 | 评分标准 | 得分 | 权重 |
| --- | --- | --- | --- |
| 销售额（或销售量、回款额）计划完成百分率 | 按实际完成百分率记分。如完成80%记80分 |  | 20% |
| 同比销售增长率（本期/去年同期） | 每增长1%加1分，每下降1%扣1分（负分） |  | 15% |
| 环比销售增长率（本期/上期） | 每增长1%加1分，每下降1%扣1分（负分） |  | 15% |
| 同比销售增长率（或环比销售增长率）排名 | 每提前一名加20分，每退后一名扣20分（负分） |  | 15% |
| 销售额（或销售量、回款额）排名 | 每提前一名加20分，每退后一名扣20分（负分） |  | 15% |
| 网点建设指标完成百分率 | 按实际完成百分率记分 |  | 20% |
| 加权平均得分 |  |  | 100% |

# 第 4 章

# 销售人员教育与培训

## 4.1 销售人员培训与教育管理办法

**总则**

为鼓励员工参加提高其自身业务水平和技能的各种培训,特制定本办法。

**范围和原则**

1. 公司全体员工均享有培训和教育的权利和义务。

2. 员工培训是以提高自身业务素质为目标,须有益于公司利益和企业形象。

3. 员工培训和教育以不影响本职工作为前提,遵循学习与工作需要相结合、讲求实效,以及短期为主、业余为主、自学为主的原则。

**内容和形式**

1. 培训、教育形式为:

(1) 公司举办的职前培训。

(2) 在职培训。

(3) 脱产培训。

(4) 员工业余自学教育。

2. 培训、教育内容为:

(1) 专业知识系统传授。

(2) 业务知识讲座。

(3) 信息传播(讲课、函授、影像)。

(4) 示范教育。

(5) 模拟练习(案例教学、角色扮演、商业游戏)。

(6) 上岗操作(学徒、上岗练习、在岗指导)。

**培训培育管理**

1. 公司培训教育规划

(1) 公司根据业务发展需要,由人事部拟订全公司培训教育规划。每半年制订一次计划。

(2) 各部门根据公司规划和部门业务内容,再拟订部门培训教育计划。

2. 公司中高级(专业技术)人员每年脱产进修时间累计不低于 72 小时,初级(专业技术)人员每年脱产进修时间累计不低于 42 小时,且按每三年一个知识更新周期,实行继续教育计划。

3. 公司定期、不定期地邀请公司内外专家举办培训、教育讲座。

4. 学历资格审定。员工参加各类学习班、职业学校、夜大、电大、函大、成人高校的学历资格，均由人事部根据国家有关规定认定，未经认定的不予承认。

5. 审批原则

（1）员工可自行决定业余时间参加各类与工作有关的培训教育；如影响工作，则需经主管和人事部批准方可报名。

（2）参加业余学习一般不应占用工作时间，不影响工作效率。

6. 公司每半年考核员工培训教育成绩，并纳入员工整体考核指标体系。

7. 对员工培训教育成绩优异者，予以额外奖励。

8. 对员工业绩优异者，公司将选拔到国内或国外培训。

9. 凡公司出资外出培训进修的员工，须签订合同，承诺在本公司的一定服务期限：

（1）脱产培训6个月以上、不足1年的，服务期2年。

（2）脱产培训1年以上、不足3年的，服务期3年。

（3）脱产培训3年以上、不足4年的，服务期4年。

（4）脱产培训4年以上的，服务期5年。

多次培训的，分别计算后加总。

10. 凡经公司批准的上岗、在职培训，培训费用由公司承担。成绩合格者，工资照发；不合格者，扣除岗位津贴和奖金。

11. 公司本着对口培训原则，选派人员参加培训回来后，一般不得要求调换岗位；确因需要调岗者，按公司岗位聘用办法处理。

**培训费用报销和补偿**

1. 符合条件的员工，其在外培训教育费用可酌情报销。

2. 申请手续：

（1）员工申请培训教育时，填写学费报销申请表。

（2）经各级主管审核批准后，送交人事部备案。

（3）培训、教育结束，结业、毕业后，可凭学校证明、证书、学费收据，在30天内经人事部核准，到财务部报销。

3. 学习成绩不合格者，学费自理。自学者原则上费用自理，公司给予一定补助。

4. 学习费用很大，个人难以承受，经总经理批准后可预支使用。

5. 学杂费报销范围。入学报名费、学费、实验费、书杂费、实习费、资料费及人事部认可的其他费用。

6. 非报销范围。过期付款、入学考试费、计算器、仪器购置费、稿纸费、市内交通费、笔记本费、文具费、期刊费、打字费等。

7. 员工在约定服务期限内辞职、解除劳动合同的，均应补偿公司的培训出资费用，其范围为：

（1）公司出资接收的大、中专毕业生，研究生。

（2）公司出资培训的中、高级技工。

（3）公司出资培训的高技术、特殊、关键岗位员工。

（4）公司出资出国培训的员工。

（5）公司出资在外办班、专业培训累计超过4个月教育的员工。不包括转岗再就业、领导决定调职、未被聘任落选后调离的情况。

8. 补偿费用额计算公式：

已服务年限补偿额 = 公司支付的培训费用 × （1 - 已服务年限/规定服务年限）

其中，培训费用指公司支付的学杂费，公派出国、异地培训的交通费和生活补贴等。不包括培训期间的工资、奖金、津贴和劳动福利费用。

9. 补偿费用由调出人员与接收单位自行协商其是否共同支付或按比例分摊。该补偿费用回收后仍列支在培训费用科目下，用于教育培训目的。

**附则**

本办法由人事部会同财务部执行，总经理办公会议通过后生效。

## 4.2 销售人员培训管理制度

| 岗位名称 | 计调主管 | 岗位要求 | 年龄 | 25岁~33岁 |
|---|---|---|---|---|
| 直接上级 | 销售管理部经理 | | 学历 | 大专以上 |
| | | | 专业 | |
| 直接下级 | 计划员、调度员 | | 经验 | 3年以上 |
| 工作职责 | • 根据市场销售情况与生产部沟通制订合理的产销计划<br>• 根据市场销售情况制定合理的安全库存<br>• 编制年度、月度运输计划<br>• 随时分析储运成本变化,考核运输单位<br>• 根据发货单、产品调拨单安排运输<br>• 建立运输费用台账与统计<br>• 规划本部的工作和人员分工<br>• 对运输的成本和安全性负责<br>• 对计划及安全库存的合理性负责 | | | |

## 4.3 销售人员分类培训目标

| 岗位名称 | 计划员 | 岗位要求 | 年龄 | 23岁~33岁 |
|---|---|---|---|---|
| 直接上级 | 计调主管 | | 学历 | 大专以上 |
| | | | 专业 | |
| 直接下级 | 无 | | 经验 | 2年以上 |
| 工作职责 | • 结合销售、库存统计资料、各市场销售计划以及历史资料协助部门经理制订年度、季度、月度各地区配货计划<br>• 配合市场促销活动的开展,制订地区性配货计划<br>• 根据市场需求和配货计划,及时与生产部门进行协调,确保各区域市场供货计划的落实 | | | |

## 4.4 销售人员培训实施办法

**不定期训练**

1. 本公司员工培训由各部主管对所属员工经常实施；
2. 各单位主管应拟订教育计划，并按计划切实推行；
3. 各单位主管经常督导所属员工以增进其处理业务能力，充实其处理业务时应具备的知识，必要时需指定所属员工限期阅读与业务有关的专门书籍；
4. 各部主管应经常利用集会，以专题研讨报告或个别教育等方式实施机会教育。

**定期训练**

1. 本公司员工培训每年两次，分为上半期（4、5月中）及下半期（10、11月中）举行，视其实际情况安排事务或技术人员分别参加；
2. 各部由主管拟订教育计划，会同总务科安排日程并邀请各分公司经理或聘请专家协助讲习，以期达成效果；
3. 本定期培训依其性质、内容分为普通班（一般员工）及高级班（股长以上干部），但视实际情况可合并举办；
4. 高级主管培训分为专修班及研修班，由董事长视必要时随时设训，其教育的课程进度另定；
5. 各级培训的课程进度另定；
6. 各主管实施培训的成果列为平时业绩考核记录，以做年终考核的资料，成绩特优的员工，可呈请选派赴国外实习或考察；
7. 凡受训人员于接获培训通知时，除因重大疾病或重大事故经该主管出具证明可申请免以受训外，应于指定时间内向主管报到；
8. 培训除另有规定外一律在总公司内实施；
9. 凡受训期间，由公司供膳，不给其他津贴。

## 4.5 销售人员培训制度

1. 凡新进人员的培训，除人事管理规则及员工教育实施办法另有规定外，悉依本纲要实施。

2. 本纲要所谓新进人员是指临时员工、试用人员、临时聘用人员及其他认为应接受训练的员工而言。

3. 本培训的宗旨与目的如下：

（1）让新进人员明了企业机构的组织系统，进而了解本公司组织概况，各部科分管的业务营业方针及有关人事管理规章，并能严格遵守；

（2）使新进人员深切体认本公司远大的抱负，激发其求知欲、创造心，不断充实自己，努力向上，借以奠定公司基础。

4. 本训练的实施应斟酌新进人员每批报到人数的多少另行排订训练时间，经核准后即可依照本纲要实施。

5. 新进人员经训练后，视其能力给予调派适当单位服务，但依实际需要也可先调派各单位服务然后补训。

6. 凡经指定接受训练的人员，除有特殊情况时，先经人事主管单位签报核准后准予请假或免训者外，一律不得故意规避或不到，否则将从严论处。

7. 训练讲习人员以部门经理为主体，各科主管协助。

8. 训练课程的内容除以公司组织、各种管理章则、各部科掌管的事务及营业方针等一般基本实务教育外，同时配合精神教育。

9. 训练课程的编排及时间，可依实际需要另行制定。

10. 本纲要经董事长核准后施行，修改时亦同。

# 4.6　销售人员培训规定

**目的**

为培养新员工的劳动意识，传授基本的业务知识，提高其劳动技能，特制定本规定。

**原则**

培训教育要消除新员工对新环境的恐惧和不安，培养他们对企业的信赖感，使之成为企业的优秀员工。

**分类**

培训教育包括正式工作前的以修养、知识为主的就职培训；基层管理者在生产实践中进行的不脱产的业务教育指导。

**培训资料**

根据培训教育计划,在不同的培训阶段,向学员分发指导手册、视听教材、参考资料和专业教材。

**时间安排**

就职教育由人事部出面组织,从新员工报到后进行,时间为3天。

- 第一天主要介绍企业的沿革、组织机构、业务范围及未来发展。
- 第二天主要介绍就业规则、工资报酬、考勤制度、职业道德、安全卫生规则等。
- 第三天进行企业业务知识介绍及实地参观。

**临时录用人员培训**

临时录用人员的培训,根据实际需要不定期进行。

**业务培训实施**

业务培训由各主管部门组织,首先提出培训计划,其中包括:培训者名单、培训内容、培训时间、教师与教材、经费预算等,然后正式组织实施。

**培训过程管理**

在培训过程中,主管部门领导要给予指导、督促和检查,注意协调各种关系,尽量提供各种条件。

## 4.7　销售人员入职培训管理规定

**培训目的**

1. 使新员工在入职前对公司有一个全方位的了解,认识并认同公司的事业及企业文化,坚定自己的职业选择,理解并接受公司的共同语言和行为规范;

2. 使新员工明确自己的岗位职责、工作任务和工作目标,掌握工作要领、工作程序和工作方法,尽快进入岗位角色。

**培训期间**

新员工入职培训期1个月,包括2天~3天的集中脱岗培训及后期的在岗指导培训。人力资源与知识管理部根据具体情况确定培训日期。学校定于每学期开学两周内组织新一期新员工培训。

**培训对象**

公司所有新进员工。

**培训方式**

1. 脱岗培训。由人力资源与知识管理部制定培训计划和方案并组织实施，采用集中授课及讨论、参观的形式。

2. 在岗培训。由新员工所在部门负责人对其已有的技能与工作岗位所要求的技能进行比较评估，找出差距，以确定该员工培训方向，并指定专人实施培训指导，人力资源与知识管理部跟踪监控。可采用日常工作指导及一对一辅导形式。

**培训教材**

《员工手册》、部门《岗位指导手册》等。

**培训内容**

1. 企业概况。公司创业历史、企业现状以及在行业中的地位、学校品牌与经营理念、学校企业文化、学校未来前景、组织机构、各部门的功能和业务范围、人员结构、薪资福利政策、培训制度、历年重大人事变动或奖惩情况介绍、学校团队精神介绍、沟通技能训练及新员工关心的各类问题解答等。

2. 员工守则。企业规章制度、奖惩条例、行为规范等。

3. 入职须知。入职程序及相关手续办理流程。

4. 财务制度。费用报销程序及相关手续办理流程以及办公设备的申领使用。

5. 安全知识。消防安全知识、设备安全知识及紧急事件处理等。

6. 沟通渠道。员工投诉及合理化建议渠道介绍。

7. 实地参观。参观企业各部门以及工作娱乐等公共场所。

8. 介绍交流。介绍公司高层领导、各部门负责人及对公司有突出贡献的骨干与新员工认识并交流恳谈。

9. 在岗培训。服务意识、岗位职责、业务知识与技能、业务流程、部门业务周边关系等。

10. 学校教学模式及教学课题研究。

**培训考核**

培训期考核，分书面考核和应用考核两部分，脱岗培训以书面考核为主，在岗培训以应用考核为主，各占考核总成绩的50%。书面考核考题由各位授课教师提供，人力资源与知识管理部统一印制考卷；应用考核通过观察、测试等手段考查受训员工在实际工作中对培训知识或技巧的应用及业绩行为的改善，由其所在部门的领导、同事及人力资源与知识管理部共同鉴定。

**效果评估**

人力资源与知识管理部通过与学员、教师、部门培训负责人直接交流，并制定一系列书面调查表进行培训后的跟踪了解，逐步减少培训方面和内容的偏差，改进培训方式，以使培训更加富有成效并达到预期目标。

**培训工作流程**

1. 人力资源与知识管理部根据各部门的人力需求计划统筹进人指标及进人时间，根据新入职员工的规模情况确定培训时间并拟订培训具体方案，并填写《新员工脱岗培训计划书》报送人力资源中心及相关部门；

2. 人力资源与知识管理部负责与各相关部门协调，做好培训全过程的组织管理工作，包括经费申请、人员协调组织、场地的安排布置、课程的调整及进度推进、培训质量的监控保证以及培训效果的考核评估等；

3. 人力资源与知识管理部负责在每期培训结束当日对学员进行反馈调查，填写《新员工入职培训反馈意见表》，并根据学员意见7日内给出对该课程及授课教师的改进参考意见，汇总学员反馈表送授课教师参阅；

4. 授课教师在7日内拿出改进方案并填写《教师反馈信息表》交人力资源与知识管理部审议；

5. 人力资源与知识管理部在新员工集中脱产培训结束后一周内，提交该期培训的总结分析报告，报总裁审阅；

6. 新员工集中脱产培训结束后，分配至相关部门岗位接受上岗指导培训（在岗培训），由各部门负责人指定指导教师实施培训并于培训结束时填写《新员工在岗培训记录表》报人力资源与知识管理部；

7. 人力资源与知识管理部在新员工接受上岗引导培训期间，应不定期派专人实施跟踪指导和监控，并通过一系列的观察测试手段考查受训者在实际工作中对培训知识和技巧的运用以及行为的改善情况，综合、统计、分析培训为企业业务成长带来的影响和回报的大小，以评估培训结果，调整培训策略和培训方法。

## 4.8 销售部门指导重点

|  |  |  |  |  | ____科 |
|--|--|--|--|--|--|
|  |  |  |  |  | 年　月　日 |

| 姓名 |  | 1. 目前达成 | 2. 商品知识 | 3. 技术力知识 | 4. 意见沟通 | 5. 顾客应付 | 评价统计 |
|---|---|---|---|---|---|---|---|
|  | A |  |  |  |  |  |  |
|  | B |  |  |  |  |  |  |
|  | C |  |  |  |  |  |  |
|  | 问题重点 |  |  |  |  |  |  |
|  | 指导重点 |  |  |  |  |  |  |

| 姓名 |  | 1. 目前达成 | 2. 商品知识 | 3. 技术力知识 | 4. 意见沟通 | 5. 顾客应付 | 评价统计 |
|---|---|---|---|---|---|---|---|
|  | A |  |  |  |  |  |  |
|  | B |  |  |  |  |  |  |
|  | C |  |  |  |  |  |  |
|  | 问题重点 |  |  |  |  |  |  |
|  | 指导重点 |  |  |  |  |  |  |

| 姓名 |  | 1. 目前达成 | 2. 商品知识 | 3. 技术力知识 | 4. 意见沟通 | 5. 顾客应付 | 评价统计 |
|---|---|---|---|---|---|---|---|
|  | A |  |  |  |  |  |  |
|  | B |  |  |  |  |  |  |
|  | C |  |  |  |  |  |  |
|  | 问题重点 |  |  |  |  |  |  |
|  | 指导重点 |  |  |  |  |  |  |

| 姓名 |  | 1. 目前达成 | 2. 商品知识 | 3. 技术力知识 | 4. 意见沟通 | 5. 顾客应付 | 评价统计 |
|---|---|---|---|---|---|---|---|
|  | A |  |  |  |  |  |  |
|  | B |  |  |  |  |  |  |
|  | C |  |  |  |  |  |  |
|  | 问题重点 |  |  |  |  |  |  |
|  | 指导重点 |  |  |  |  |  |  |

## 4.9 新销售人员教育日程表

| 月日 | 8···9···10···11···12···1···2···3···4···5 |
|---|---|
| / | |
| / | |
| / | |
| / | |
| / | |
| / | |
| / | |
| / | |
| / | |
| / | |
| / | |
| / | |
| / | |
| / | |

| | 8···9···10···11···12···1···2···3···4···5 |
|---|---|
| / | |
| / | |
| / | |
| / | |
| / | |
| / | |
| / | |
| / | |
| / | |
| / | |
| / | |
| / | |
| / | |
| / | |
| | 8···9···10···11···12···1···2···3···4···5 |

○必须有全公司共通的表格与各单位的表格
○亦可每人一张，自己记录内容

## 4.10 内定新销售人员职前教育日程表

| 月份 | 教育步骤 | 内容 |
|---|---|---|
| 10月 ↓ 12月 | 第一阶段<br>提高对公司的关心，培养归属意识 | □附送公司简介　□附送业绩报告书<br>□附送商品目录<br>□内定庆祝会<br>□参观会<br>□内定者和辅导者的恳谈会<br>□内定者和管理者的恳谈会 |
| 1月 ↓ 3月 | 第二阶段<br>培养社会人的心理准备、营业员应有的基本礼仪 | □附送职员教育的教材<br>□与内定者父母的恳谈会<br>□回答内定者内心不安的集会<br>□集训<br>□讲习会派遣<br>□提出报告 |
| 4月 | 第三阶段<br>基础研修 | □入职典礼　□研修 |
| 5月 | 第四阶段<br>现场研修 | □研修 |

备　注

## 4.11 新销售人员研修报告

| 研修报告 | | 研修日期 年 月 日~ 月 日 | |
|---|---|---|---|
| 单位 姓名 | | 研修指导者 记录日  年  月  日 | |
| 研修内容 | 研修内容汇总 | 感想 | |
| 实习内容 | 实习内容汇总 | 感想 | |
| 研修意见 | 研修中快乐之处 | 提案 | |
| | 研修中痛苦之处 | 指导者的建议 | |
| 上司 | 科处意见 | 部长意见 | |

# 4.12　新销售人员教育内容检查表

| 第一步骤　　　公司的概要 | |
| --- | --- |
| 　　月　　日　　地点　　　　讲师 | |
| ☆1. 企业的目的是什么 | |
| ☆2. 本公司的经营理念与历史 | |
| ☆3. 公司的组织 | |
| ☆4. 各部门的工作 | |
| ☆5. 公司产品的基本知识 | |
| ☆6. 何谓利益 | |
| ☆7. 底薪、津贴的说明 | |

| 第二步骤　　　商业基础礼仪 | |
| --- | --- |
| 　　月　　日　　地点　　　　讲师 | |
| ☆1. 修饰外表的重点 | |
| ☆2. 上班、下班时的规则 | |
| ☆3. 问候、措词的基本 | |
| ☆4. 了解工作的流程 | |
| ☆5. 致力于工作的态度 | |
| ☆6. 访谈的应对方式 | |
| ☆7. 拜访的规则 | |
| ☆8. 电话的打法、应对法 | |
| ☆9. 与上司或同事的交往方式 | |

| 第二步骤　　　应用于工作 | |
| --- | --- |
| 　　月　　日　　地点　　　　讲师 | |
| ☆1. 指示、命令的接受方式 | |
| ☆2. 工作的步骤、准备 | |
| ☆3. 报告、联络、协商的重要性 | |
| ☆4. 工具、机器的使用法 | |
| ☆5. 协助、团队精神的重要 | |
| ☆6. 面对会议、洽商 | |
| ☆7. 整理、整顿、决算的重要性 | |

## 4.13 新销售人员研修事项检查表

| 项　　目 | 时　　间 | 内　　容 | 承办 | 备注 |
|---|---|---|---|---|
| 入职典礼 | | | | |
| 董事长致词 | | | | |
| 副董事长致词 | | | | |
| 人事部长致词 | | | | |
| 就业规则说明 | | | | |
| 各项手续 | | | | |
| 商业研修① | | 商业礼仪<br>讲师 [　　　　] | | |
| 商业研修② | | 工作的进行方式<br>讲师 [　　　　] | | |
| 业务介绍 | | | | 各部门 |
| 参观办公室 | | | | 各部门 |
| 公司产品介绍 | | | | |
| 志愿单位介绍 | | | | |
| 集训 | | | | |
| 感想记录 | | | | |
| 其他 | | | | |

注：感想可以看出对研修内容的理解程度或决心。

## 4.14 销售人员缺点检查表

| 职　　称 | 　　　　科 | 姓名： | NO. |
|---|---|---|---|
| 项　　目 | 负面评价 | 评　　语 | 指　　导 |
| 经　　验 | 5 4 3 2 1 | | |
| 执行能力 | 5 4 3 2 1 | | |
| 达成能力 | 5 4 3 2 1 | | |
| 技术能力 | 5 4 3 2 1 | | |
| 分析能力 | 5 4 3 2 1 | | |
| 观察能力 | 5 4 3 2 1 | | |
| 说服能力 | 5 4 3 2 1 | | |
| 指导能力 | 5 4 3 2 1 | | |
| 判断能力 | 5 4 3 2 1 | | |
| 包容能力 | 5 4 3 2 1 | | |
| 忠 诚 心 | 5 4 3 2 1 | | |
| 守秘能力 | 5 4 3 2 1 | | |
| 交涉能力 | 5 4 3 2 1 | | |
| 决断能力 | 5 4 3 2 1 | | |
| 忍耐能力 | 5 4 3 2 1 | | |
| 总　　计 | | | |

注：分数愈高表示缺点愈多。

## 4.15 销售人员行为举止检查表

| 职　　称 | [　　　　　　] | | NO. |
|---|---|---|---|
| 项　　目 | 负面评价 | 评　　语 | 指　　导 |
| 迟到缺席 | 5　4　3　2　1 | | |
| 缺欠干劲 | 5　4　3　2　1 | | |
| 错误太多 | 5　4　3　2　1 | | |
| 效率太低 | 5　4　3　2　1 | | |
| 临阵脱逃 | 5　4　3　2　1 | | |
| 容易发脾气 | 5　4　3　2　1 | | |
| 顾客的评语不好 | 5　4　3　2　1 | | |
| 在金钱上有纠葛 | 5　4　3　2　1 | | |
| 有花边新闻的传言 | 5　4　3　2　1 | | |
| 受私人问题困挠 | 5　4　3　2　1 | | |
| 健康状况不佳 | 5　4　3　2　1 | | |
| 总　评　语 | | | |

注：分数愈高表示缺点愈多。

## 4.16 销售人员不当行为分析表

○工作态度

| | |
|---|---|
| □1. 无故缺席、迟到、早退的情形增加 | |
| □2. 上班时间沉浸在娱乐场所 | |
| □3. 工作的内容不变，业绩却急剧下降 | |
| □4. 有事外出，碰到紧急要事却联络不上 | |
| □5. 热衷于兼职 | |

○交友、生活态度

| | |
|---|---|
| □1. 私人的访客变多 | |
| □2. 很多私人的电话 | |
| □3. 突然变得奢侈、挥金如土 | |
| □4. 未经报告上司而接受别人的招待 | |
| □5. 有花边新闻或家庭不和的谣传 | |

○金钱、物品的处理

| | |
|---|---|
| □1. 没写出货单就出货 | |
| □2. 没写退货单就处理退货 | |
| □3. 申请费用时，没有收据的情形很多 | |
| □4. 伪造收据的日期或金额 | |
| □5. 销售的折扣或更改价格的理由很暧昧 | |

○抱怨

| | |
|---|---|
| □1. 顾客对个人的业务活动抱怨增多 | |
| □2. 怀疑给顾客的回扣是否合理 | |
| □3. 应收账款未收回是不正常的现象 | |
| □4. 付款人发牢骚 | |
| □5. 是否挪用收回的款项 | |

○个人的谈话或传言

| | |
|---|---|
| □1. 经常扬言说要辞职 | |
| □2. 谈话中透露为借钱而苦恼 | |
| □3. 常处理私务 | |
| □4. 赌博的情形变多 | |
| □5. 有敲诈顾客的传言 | |

## 4.17 销售人员礼仪教育成果检测表

○修饰外表的重点　　　　　　　　　　　　　　第一次评价　第二次评价

| □1. 服装整体而言有干净整洁、稳重的感觉 | | |
|---|---|---|
| □2.（女性）不浓妆艳抹，（男性）香水不擦太浓 | | |
| □3. 服饰配件或手表等搭配不会不对称或过于华丽 | | |
| □4. 头发不会脏乱、不随便染发 | | |
| □5. 鞋子不会肮脏 | | |

○上班、下班的规则

| □1. 比上班的时间更早到公司 | | |
|---|---|---|
| □2. 早晨的问候很清脆、有精神 | | |
| □3. 不会在下班时间之前就收拾准备回家 | | |
| □4. 整理收拾桌上或周围东西后才下班 | | |
| □5. 下班时间的招呼也都确实做到 | | |

○问候、措辞

| □1. 与上司或同事打招呼清脆、愉快 | | |
|---|---|---|
| □2. 措辞不会像学生时代那样草率 | | |
| □3. 确实回答是、不是 | | |
| □4. 了解措辞的用法 | | |
| □5. 上班中不闲聊 | | |

○致力于工作的态度

| □1. 充满干劲 | | |
|---|---|---|
| □2. 表现出对新工作的关心与兴趣 | | |
| □3. 早一天学会工作进展方法的态度 | | |
| □4. 不会毫无理由随便离开座位 | | |
| □5. 有时间观念 | | |

○电话、会客的方式

| □1. 接电话时，不会胆怯 | | |
|---|---|---|
| □2. 接电话时，一定准备纸、笔 | | |
| □3. 了解会议或洽商的重要 | | |
| □4. 了解会议或洽商时应有的态度 | | |
| □5. 了解工作上完成期限或交货期的重要 | | |

注：以与新进职员年龄相近的前辈来指导，比较容易有好的结果。

## 4.18 销售人员工作教育成果检测表

○工作的流程　　　　　　　　　　　　　　　第一次评价　第二次评价

| | |
|---|---|
| □1. 了解工作的流程 | |
| □2. 了解公司上下关系的重要 | |
| □3. 了解公司横向的联系、合作关系 | |
| □4. 了解与同事和睦的重要性 | |
| □5. 做一个工作必定有始有终 | |

○指示、命令的重要性

| | |
|---|---|
| □1. 了解上司的指示、命令的重要性 | |
| □2. 将上司的指示、命令记录备忘 | |
| □3. 指示、命令若有不明了之处，必定确认到懂为止 | |
| □4. 复诵指示、命令，加以确认 | |
| □5. 遵守指示、命令 | |

○工作的步骤、准备

| | |
|---|---|
| □1. 了解工作步骤的重要 | |
| □2. 了解工作准备得当，进展就顺利 | |
| □3. 了解工作步骤的组织方式 | |
| □4. 了解工作的准备方式 | |
| □5. 按照步骤、准备程度完成工作 | |

○报告、联络、协商

| | |
|---|---|
| □1. 了解报告、联络、协商是工作的重点 | |
| □2. 报告时，先讲结论 | |
| □3. 联络适时、简要 | |
| □4. 了解协商可以使工作顺利完成 | |
| □5. 即使被挨骂的事也向上司报告、联络、协商 | |

○工作的基本条件

| | |
|---|---|
| □1. 学会工作上使用的机器、工具的操作方法 | |
| □2. 了解公司的工作大部分都要靠团队合作来完成 | |
| □3. 了解会议或洽商的重要 | |
| □4. 了解会议或洽商的应有的态度 | |
| □5. 了解工作上完成期限或交货期的重要 | |

## 4.19 销售人员培训计划表

编号：　　　　　　　　　　　　　　　　　　　　　　　　拟定日期：

| 受训人员 | 姓名 | | | 培训期间 | 月 日至 月 日止 | 辅导员 | 姓名 | |
|---|---|---|---|---|---|---|---|---|
| | 学历 | | | | | | 部门 | |
| | 专长 | | | | | | 职称 | |

| 项次 | 培训日期 | 培训日数 | 培训项目 | 培训部门 | 培训员 | 培训日程及内容 |
|---|---|---|---|---|---|---|
| 1 | 月　日至<br>月　日止 | 天 | | | 职称：<br>姓名： | |
| 2 | 月　日至<br>月　日止 | 天 | | | 职称：<br>姓名： | |
| 3 | 月　日至<br>月　日止 | 天 | | | 职称：<br>姓名： | |
| 4 | 月　日至<br>月　日止 | 天 | | | 职称：<br>姓名： | |
| 5 | 月　日至<br>月　日止 | 天 | | | 职称：<br>姓名： | |
| 6 | 月　日至<br>月　日止 | 天 | | | 职称：<br>姓名： | |

经理：　　　　　　　　　审核：　　　　　　　　　拟定：

## 4.20 销售人员年度训练计划汇总表

| 部　　门 | 班　　次 | 人　　数 | 时　　间 | 费用（元） | 备　　注 |
|---|---|---|---|---|---|
|  |  |  |  |  |  |
|  |  |  |  |  |  |
|  |  |  |  |  |  |
|  |  |  |  |  |  |
|  |  |  |  |  |  |
|  |  |  |  |  |  |
|  |  |  |  |  |  |
|  |  |  |  |  |  |
|  |  |  |  |  |  |
|  |  |  |  |  |  |
|  |  |  |  |  |  |
|  |  |  |  |  |  |
|  |  |  |  |  |  |
|  |  |  |  |  |  |
|  |  |  |  |  |  |
|  |  |  |  |  |  |

| 教　育　训　练　部 | 主　管 | 经　办 |
|---|---|---|
|  |  |  |

一式一联：呈经理审核后培训部留存

## 4.21 销售人员团体训练申请表

| 训练名称 | | 时　间起讫 | （小　时） |
|---|---|---|---|
| 讲师、训练执行人 | | 训练地点 | |
| 受　训　部　门 | | 训练方式 | |

训练的内容及课程概述：　　　　　　　　　预定参加者：

训练前受训者的水平：

训练的目标：

训练所需经费预估：

| | 姓　名 | 日　期 | 姓　名 | 日　期 | 姓　名 | 日　期 |
|---|---|---|---|---|---|---|
| 审核 | | | | | | |

## 4.22 销售人员个人外部训练申请表

| 姓名 | | 工号 | | 部门 | | 职位 | |
|---|---|---|---|---|---|---|---|
| 受训机构 | | | | 受训课程 | | | |
| 备注 | | | | | | | |

　　我个人希望参加上项机构举办的训练，训练课程细目如下，所需经费希由公司负担，此项训练必将提高我未来的工作效率，其中课程训练时间，如有任何改变，我必得依照公司规则通知有关部门。受训时间个人如触犯任何公司训练规则，愿意由公司扣除本人工资以抵缴公司代付的学费。

| 课程内容 | 名　称 | 日期起 | 日期讫 | 学　费 |
|---|---|---|---|---|
| | | | | |
| | | | | |
| | | | | |
| | | | | |
| | | | | |

| 审核 | 姓　名 | 日　期 | 姓　名 | 日　期 |
|---|---|---|---|---|
| | | | | |
| | | | | |
| | | | | |
| | | | | |

## 4.23 销售人员在职训练费用申请表

| 单位 | 姓名 | 人员代号 | □讲授科目<br>□教材名称 | 时　数<br>字数（千字） | 钟点数<br>教材费 | 总计<br>（元） | 盖（签）章 |
|---|---|---|---|---|---|---|---|
|  |  |  |  |  |  |  |  |
|  |  |  |  |  |  |  |  |
|  |  |  |  |  |  |  |  |
|  |  |  |  |  |  |  |  |
|  |  |  |  |  |  |  |  |
|  |  |  |  |  |  |  |  |
|  |  |  |  |  |  |  |  |
|  |  |  |  |  |  |  |  |
|  |  |  |  |  |  |  |  |
|  |  |  |  |  |  |  |  |
|  |  |  |  |  |  |  |  |
|  |  |  |  |  |  |  |  |
|  |  |  |  |  |  |  |  |
|  |  |  |  |  |  |  |  |
| 会计部 | 培训部 |  | 单位 |  |  |  |  |

一式三联：一　单位　二　培训部　三　会计部

## 4.24 销售人员培训记录表

部门：　　　　　　　　　　　　　　　　　　　　　　年度：

| 姓名 | 1 | | | 2 | | | 3 | | | 费用合计 |
|---|---|---|---|---|---|---|---|---|---|---|
| | 培训名称 | 期间 | 费用 | 培训名称 | 期间 | 费用 | 培训名称 | 期间 | 费用 | |
| | | | | | | | | | | |
| | | | | | | | | | | |
| | | | | | | | | | | |
| | | | | | | | | | | |
| | | | | | | | | | | |
| | | | | | | | | | | |
| | | | | | | | | | | |
| | | | | | | | | | | |
| | | | | | | | | | | |
| | | | | | | | | | | |
| | | | | | | | | | | |
| | | | | | | | | | | |
| | | | | | | | | | | |
| | | | | | | | | | | |
| | | | | | | | | | | |

## 4.25 销售人员在职训练资历表

部门：　　　　　　　　　　　　　　　　　　　代号：

| 项次 | 训练时职位 | 训练证明课程名称 | 课程编号 | 训练日期 | 时数 | 累积时数 | 成绩 | 评核记录 |
|---|---|---|---|---|---|---|---|---|
| 1 | | | | | | | | |
| 2 | | | | | | | | |
| 3 | | | | | | | | |
| 4 | | | | | | | | |
| 5 | | | | | | | | |
| 6 | | | | | | | | |
| 7 | | | | | | | | |
| 8 | | | | | | | | |
| 9 | | | | | | | | |
| 10 | | | | | | | | |
| 11 | | | | | | | | |
| 12 | | | | | | | | |
| 13 | | | | | | | | |
| 14 | | | | | | | | |
| 15 | | | | | | | | |
| 16 | | | | | | | | |
| 17 | | | | | | | | |
| 18 | | | | | | | | |
| 19 | | | | | | | | |
| 20 | | | | | | | | |

一式一联：自存

## 4.26　销售人员培训报告书

　　　　　　　　　　　　　　　　　　　___年___月___日

| 培训名称及编号 | | 参加人员姓名 | |
|---|---|---|---|
| 培训时间 | | 培训地点 | |
| 培训方式 | | 使用资料 | |
| 导师姓名及简介 | | 主办单位 | |
| 培训后的检讨 | 培训人员意见 | 受训心得（值得应用于本公司的建议） |
| | | 对下次派员参加本训练课程的建议事项 |
| | 主办单位意见 | |

总经理：　　　　　经理（副经理）：　　　　主办单位：
副总经理：　　　　厂长（副厂长）：

## 4.27 销售人员在职训练意见调查表

训练课程名称：_____

主办部门：_____

说明：1. 本表请受训学员详实填写，并请于结训时交予主办部门。

2. 请在所选项目前的方框内打"√"号。

3. 请你给予率直的反映及批评，这样可以帮助我们对将来的训练计划有所改进。

(1) 课程内容如何？

□优　　□好　　□尚可　　□劣

(2) 教学方法如何？

□优　　□好　　□尚可　　□劣

(3) 讲习时间是否适当？

□太长　　□适合　　□不足

(4) 参加此次讲习感到有哪些受益？

□获得适用的新知识。

□获得可以用在工作上的一些有效的研究技巧及技术。

□将帮助我改变工作态度。

□帮助我印证了某些观念。

□给我一个很好的机会，客观地观察我自己以及我的工作。

(5) 训练设备安排感到如何？

□优　　□好　　□尚可　　□劣

(6) 将来如有类似的班次，你还愿意参加吗？

□是　　□否　　□不确定

(7) 其他建议事项：_____

## 4.28 销售人员在职训练测验成绩表

| 编号 | 姓　名 | 分数 | 签到 | 编号 | 姓　名 | 分数 | 签到 |
|---|---|---|---|---|---|---|---|
| 1 | | | | 26 | | | |
| 2 | | | | 27 | | | |
| 3 | | | | 28 | | | |
| 4 | | | | 29 | | | |
| 5 | | | | 30 | | | |
| 6 | | | | 31 | | | |
| 7 | | | | 32 | | | |
| 8 | | | | 33 | | | |
| 9 | | | | 34 | | | |
| 10 | | | | 35 | | | |
| 11 | | | | 36 | | | |
| 12 | | | | 37 | | | |
| 13 | | | | 38 | | | |
| 14 | | | | 39 | | | |
| 15 | | | | 40 | | | |
| 16 | | | | 41 | | | |
| 17 | | | | 42 | | | |
| 18 | | | | 43 | | | |
| 19 | | | | 44 | | | |
| 20 | | | | 45 | | | |
| 21 | | | | 46 | | | |
| 22 | | | | 47 | | | |
| 23 | | | | 48 | | | |
| 24 | | | | 49 | | | |
| 25 | | | | 50 | | | |

| 会　计　部 | 人　事　部 | 培　训　部 | 单　位 |
|---|---|---|---|
| | | | |

一式一联

注：请用正楷签到

## 4.29　销售人员在职训练结训报表

| 课程名称 | | | 课程编号 | |
|---|---|---|---|---|
| 项目 | 举办日期 | 训练时数 | 参加人数 | |
| 计划 | | | | |
| 实际 | | | | |

| 训练费用 | 项目 | 预算金额 | 实际金额 | 异常说明 |
|---|---|---|---|---|
| | 讲师费 | | | |
| | 其他 | | | |
| | 合计 | | | |

| 训练检讨及呈核 | 学员意见 | |
|---|---|---|
| | 讲师意见 | |
| | 会计部 | 培训部 |

一式二份：一　会计部　二　培训部

经办：

## 4.30 销售人员在职训练实施结果表

| 部门 | 项目 | 班次 | 人数 | 时间 | 费用 | 备注 |
|---|---|---|---|---|---|---|
|  | 预定 |  |  |  |  |  |
|  | 实际 |  |  |  |  |  |
|  | 预定 |  |  |  |  |  |
|  | 实际 |  |  |  |  |  |
|  | 预定 |  |  |  |  |  |
|  | 实际 |  |  |  |  |  |
|  | 预定 |  |  |  |  |  |
|  | 实际 |  |  |  |  |  |
|  | 预定 |  |  |  |  |  |
|  | 实际 |  |  |  |  |  |
|  | 预定 |  |  |  |  |  |
|  | 实际 |  |  |  |  |  |

一式三联：一 单位　二 培训部　三 会计部

单位：　　　　　　　　　　培训部：　　　　　　　　　会计部：

## 4.31 销售人员训练成效调查表

1. 本部已举办过如下在职训练：
(1) _____  (5) _____
(2) _____  (6) _____
(3) _____  (7) _____
(4) _____  (8) _____

2. 请各单位主管就所属学员参加训练以后，已经注意到的有些什么改变，于调查表所示各项目之适当栏打"√"，并请于　　月　　日前交培训部。

| 绩　效　标　准 | 很好 | 略好 | 无改变 | 略坏 | 很坏 | 不知道 |
|---|---|---|---|---|---|---|
| (1) 生产的数量（工作量的提高） | | | | | | |
| (2) 生产的质量（工作的质量） | | | | | | |
| (3) 工作安全 | | | | | | |
| (4) 环境维护 | | | | | | |
| (5) 员工的态度及士气 | | | | | | |
| (6) 员工出勤情况 | | | | | | |
| (7) | | | | | | |
| (8) | | | | | | |
| (9) | | | | | | |
| (10) | | | | | | |

填表部门：　　　　　　　　　　　　　　　　　　　　　　　填表人：

## 4.32 新销售人员培训成果检测表

○公司的经营理念　　　　　　　　　　　　　第一次评价　第二次评价

| | | |
|---|---|---|
| □1. 了解公司的经营理念 | | |
| □2. 随口能背出经营理念 | | |
| □3. 会逐渐喜欢经营理念 | | |
| □4. 以经营理念为荣 | | |
| □5. 以经营理念为主题，写出感想 | | |

○企业的存在意义

| | | |
|---|---|---|
| □1. 了解企业的社会存在意义 | | |
| □2. 了解本公司的社会使命 | | |
| □3. 了解何谓利益 | | |
| □4. 了解创造利益的重要 | | |
| □5. 了解什么是工资与福利 | | |

○公司的组织、特征

| | | |
|---|---|---|
| □1. 以简单的图解表示出公司的组织 | | |
| □2. 了解各部门的主要业务 | | |
| □3. 了解公司的产品 | | |
| □4. 能说出公司产品的特征 | | |
| □5. 能说出公司的资本额、市场比例等数字 | | |

○热爱公司的精神

| | | |
|---|---|---|
| □1. 了解公司的历史概况 | | |
| □2. 了解公司创业者的信念 | | |
| □3. 了解公司的传统 | | |
| □4. 喜欢公司的代表颜色或标志 | | |
| □5. 由内心产生热爱公司的热忱 | | |

○业界的理解

| | | |
|---|---|---|
| □1. 能说出公司所属的业界 | | |
| □2. 了解业界的现状 | | |
| □3. 了解公司在业界的地位 | | |
| □4. 能提出如何提高公司在业界的地位 | | |
| □5. 强烈地关心业界的整体的动向 | | |

# 第 5 章

# 销售人员薪酬与福利

## 5.1 销售人员薪酬制度设计原则

设计薪酬制度应当注意遵循下述原则：

**1. 公平性原则**

薪酬制度要公平，这是主要的原则，要使销售人员认为你的薪酬制度是公正的、合理的、人人平等的，只要在相同的岗位上，做出相同的业绩，都将获得相同的薪酬。

**2. 激励性原则**

薪酬制度必须能给销售人员足够的激励，能够调动他们工作的积极性，以便促使他们为实现组织的销售目标积极地、不懈地努力去进行各项销售工作，取得最佳的销售业绩，也为自己赢得丰厚的薪酬。

**3. 灵活性原则**

薪酬制度的建立应既能满足各种销售工作的需要，又能比较灵活地加以运用。

**4. 竞争性与经济性原则**

企业的薪酬制度对销售人员应具有吸引力，要有助于企业吸收优秀销售人员并留住他们。为了保持竞争性，企业的薪酬标准至少要等于甚至略高于竞争对手的水平，但是，从管理的角度上，高标准的薪酬水平虽然会提高企业薪酬竞争性与激烈性，但企业的成本也会随之上升，因此，既要考虑薪酬的对外竞争性和对内激励性，同时也不能忽视其经济性。

**5. 稳定性原则**

稳定性原则具体表现在两个方面：一是不论市场环境如何变化，销售人员的业绩如何波动，都应给予维持销售人员基本生活的收入，不至于使他们产生不安全感；二是指薪酬制度应相对稳定，当然，随着时间的推移和环境条件的变化，薪酬制度发生变化是必要的，但是，薪酬制度一旦确立，在一定的时段上（至少一年）应当保持相对稳定。否则，经常变化的薪酬制度会使销售人员产生困惑，无法判定自己的努力将得到怎样的回报，从而会抑制他们的努力程度。

**6. 控制性原则**

销售人员的薪酬制度应体现组织对个人工作的导向性，应能对销售人员的努力方向进行控制。薪酬是为了激励销售人员更加努力地工作，而努力工作的根本点就是实现企业的目标,因此,薪酬制度的设立应当设法将销售人员的个人目标统一到企业的大目标上,应能实现企业对销售人员的有效控制。企业所确立的薪酬制度,不能以牺牲必要的控制能力为代价,这是企业保持销售队伍的稳定性并最终占有市场的关键。

## 5.2 销售人员薪酬与考核制度

**佣酬(核实业绩)**

1. 固定薪资。
2. 交通补助。
3. 话费补助。
4. 业绩奖金。当月业绩达到基本责任额时,可领取业绩奖金。
5. 餐费补助金。
6. 达成奖金。当月业绩额超过 18000 元时,开始领取达成奖金。奖金比例如下:

| 业绩(元) | 奖金比例 |
| --- | --- |
| 0~18000 | 0% |
| 18001~50000 | 8% |
| 50001~100000 | 10% |
| 100001~150000 | 12% |
| 150001~200000 | 14% |
| 200001~250000 | 16% |
| 250001 以上 | 18% |

7. 持续奖金。每周业绩达 15000 元以上,连续 3 周,发放持续奖金。
8. 杰出奖金。当月业绩超过 10 万元,且为上海及北京两地业务人员业绩评比的第一名时,加发杰出奖金。
9. 年终分红。当次年农历春节仍然在职者,可领取年终分红。年终分红的额度为个人全年业绩的 2%。
10. 业绩定义。

（1）当成交价等于定价时，业绩以成交价的100%计算。

（2）当成交价不等于定价时，业绩的计算方式由市场部主管会同总公司财务部精算后决定。

（3）开拓经销商及代理商业务，不列入业绩计算，佣酬办法另定。

（4）受理业绩。当财务部接到客户订金的"整笔订单业绩额"。

（5）核实业绩。当财务部接到客户尾款的"整笔订单业绩额"。

11. 佣酬计算均以核实业绩计算

**考核（核实业绩）**

1. 业绩考核。每月基本业绩考核额度为18000元。

2. 工作考核

（1）差勤考核。须按公司规定办理。

（2）活动量考核

● 每周拜访量不低于13个（拜访量是指与客户面对面的销售约会次数）；

● 每日电话拜访数不低于20个。

（3）行政工作考核。业务人员须按时且如实填写业务报表（含活动管理表、客户资料表、电话记录表、潜在客户名单）。

3. 合同的维持

| 考核期 | 3个月 ||
|---|---|---|
| 评估时间 | 每月月底 ||
| 考核标准 | 须同时通过业绩及工作考核 ||
| 合同终止 | 业绩考核 | 连续2个月业绩为零 |
|  | 工作考核 | 由主管裁量 |

**晋升（核实业绩）**

1. 晋升前6个月个人业绩总额达30万元以上，其中连续3个月每月核实业绩达到40000元以上。

2. 无重大违规记录。

3. 由直属主管推荐，经市场部主管批准。

## 5.3 销售人员工资管理规定

**销售人员的等级划分**

本公司根据各销售员的营业能力、工作实绩、出勤状况、劳动态度等要素将销售人员划分为一级、二级、三级三个等级。等级划分首先由主管科长考核再报呈公司经理确定。上述各级别的标准是：

1. 一级——能够协助上级工作，对其他职员能起到指导、监督作用的，具备优秀品格的模范职员。一级销售人员要有两年以上从事销售工作的经历，并且在近半年的销售工作中取得了优异成绩。

2. 二级——有半年以上销售工作经历，工作努力，经验丰富，勇于承担责任的中坚职员。曾由于不当行为显著损害社会利益者，不能定为二级。

3. 三级——经过短期培训的其他员工。

**职员工资的构成**

职员工资为月工资制，由基本工资和津贴构成。

**基本工资实行职务等级工资制**

基本工资实行职务等级工资制，如下：

| 等级 | 一 | 二 | 三 | 四 | 五 | 六 | 七 | 八 | 九 | 十 | 十一 | 十二 |
|---|---|---|---|---|---|---|---|---|---|---|---|---|
| 金额（元） | | | | | | | | | | | | |

各职级内级差相同。

**工资等级的确定和升降**

工资等级的确定和升降，根据考核的结果，在每年2月、5月、8月、11月进行。对业绩显著低下者，要适当降级。

**津贴的分类**

津贴分为家庭津贴和销售津贴两类：

家庭津贴的支付标准：抚养人口仅一人者给××元，两人以上则每增加一人增加××元，最多支付到四口人。

销售津贴以班组长为对象，根据本公司考核办法，用下述方法支付：

1. 对突破销售目标的班组长，每得一分增加××元。

2. 不属于上述情况的班组长，每得一分增加××元。

3. 具体支付时间确定在次月工资发放日。

销售职员每人每月付给××元销售津贴。凡旷工一日或迟到早退三次以上者，不发给津贴。家庭津贴和班组长销售津贴，如果是由于生病或其他难以避免的原因造成迟到、早退或旷工，经过上级主管批准，可以照常发放。

**各项工资的支付时间和方法**

各项工资的支付时间和方法如下：

1. 工资的计算截止到每月20日，25日发放。发放日为节假日时，改为前一日或次日发放。

2. 月中进入公司者和中途退职、复职的情况下，按实际工作日对月标准工作日所占比例计算。每月计算基准日定为30日。

3. 工作实绩不佳或出勤状态差的职员，最多发给基本工资的90%。

另外，有关销售分数的计算和离、退休人员的报酬，另作规定。

# 5.4 销售人员工资管理办法

**一般规定**

1. 公司销售人员，包括营销总部、营销中心、销售中心、办事处所有员工的工资待遇，除有特殊规定外，均应依照本办法办理。

2. 本办法由人力资源部制定，并呈报总经理核准实施，如有未尽事宜，由主管销售的副总及各销售部门经理提出，与人力资源部共同协商后修正再公布实施。

3. 本办法于每年年底根据公司的经营情况重新修订一次。

**工资制度**

1. 营销总部、营销中心、销售中心、办事处负责人的工资收入实行年薪制。

2. 一般销售人员的工资收入实行月薪（基础工资）加绩效奖金制。

**年薪制**

1. 营销总部、营销中心、销售中心、办事处负责人的年薪标准由公司经理会确定。共分为四个等级标准，如下：

| 等级 | 年薪标准（万元） |
|---|---|
| 营销总部 | |
| 营销中心 | |
| 销售中心 | |
| 办事处 | |

2. 年薪由基薪和风险收入两个部分构成，其中：基薪占年薪的60%，按月度发放；风险收入占年薪的40%，按年度发放。

3. 基薪月度发放标准按下列公式计算：基本月薪 =（年薪×60%）÷12。基本月薪一经确定，年度内不再变动。

4. 风险收入按年度公司销售指标完成情况和个人负责区域销售指标完成情况考核浮动发放。销售目标达成度与风险收入发放比例如下：

| 销售目标达成度 | 60% | 65% | 70% | 75% | 80% | 85% | 90% | 100% |
|---|---|---|---|---|---|---|---|---|
| 风险收入发放比例 | 60% | 65% | 70% | 75% | 80% | 85% | 90% | 100% |

5. 风险收入年度发放标准按下列公式计算：风险收入 = 年薪×40%×风险收入发放比例。

6. 各销售部门负责人按规定领取应得年薪外，不再另外享受一般销售人员的基础工资和绩效奖金。

**基础工资**

1. 一般销售人员的月工资为基础工资，基础工资分为四个等级标准，如下：

| 等级 | 一 | 二 | 三 | 四 |
|---|---|---|---|---|
| 金额（元） | | | | |

各等级内级差相同。

2. 公司根据各销售员的营业能力、工作实绩、劳动态度等要素，确定不同的基础工资标准。

3. 新进销售人员根据本人的技能、销售经历、销售年限确定基础工资标准。

试用期两个月，试用期工资按基础工资的70%发放。

**绩效奖金**

绩效奖金根据各销售员的综合业绩，每季度发放一次。考核等级与奖金标准如下：

| 考核等级 | 考核分数 | 奖金（元） |
| --- | --- | --- |
| A 等 | 86 分以下 |  |
| B 等 | 76 分~85 分 |  |
| C 等 | 60 分~75 分 |  |
| D 等 | 55 分~59 分 |  |

## 5.5 销售人员激励细则

**总则**

1. 制定目的

为了更好地对不同的销售人员采取不同的激励方式，特制定本办法。

2. 适用范围

凡本公司销售人员的激励，除另有规定外，均可依照本办法所规范的体制激励之。

3. 权责单位

（1）销售部负责本办法的制定、修改、废止之起草工作。

（2）总经理负责本办法制定、修改、废止之核准。

**激励方法**

1. 追求舒适者

（1）一般年龄较大，收入较高。

（2）需要：工作安全、成就感、尊严。

（3）激励方法：分配挑战性任务，参与目标的设置，给予一定的自由和权力，经常沟通。

2. 追求机会者

（1）一般收入较低。

（2）需要：适当的收入、认可、工作安全。

（3）激励方法：薪资、沟通、销售竞赛。

3. 追求发展者

（1）一般比较年轻，受过良好的教育，有适当的收入。

（2）需要：个人发展。

（3）激励方法：良好的培训栽培。

4. 根据业绩状况，采取不同的激励方式

（1）优秀销售人员：他们关心的是地位、社会认可和自我实现。

（2）一般销售人员：他们关心最多的是奖金和工作安全。

需要不同，激励的方式也不同。

**建立激励方式应遵循的原则**

1. 物质利益原则，制定合理的薪资制度。

2. 按劳分配原则，体现公平。

3. 随机创造激励条件。

**附件**

激励的几种常见方式：

1. 培训和薪资。依据销售人员的不同需求而定。

2. 工作级别。根据工作年限和业绩，把销售人员分为不同级别，每一级别有不同的权责、福利待遇及工作权限。

3. 提升。很多销售人员愿意从事管理工作（其中部分人员却不适合做管理），也有的不愿意从事管理工作，而希望负责较好的销售区域、有利的产品、较大的客户等。应依据不同的需求，建立不同的激励机制。通常，公司的销售人员走向管理岗位的机会很少，因此销售主管设置了两种提升方案：一是前面讲述的工作级别，另一种是提供合适的管理职位。

4. 奖励和认可。通过物质的手段奖励优秀的销售人员，如宣传先进事迹，发放纪念品，大会表扬，成立优秀销售人员俱乐部，参与高级主管会议，佩戴特殊的工作卡等。

［注］在设置奖励方法时，注意要使受奖面大，受奖机会多，使不同的人都有获奖的机会。

## 5.6 销售人员奖金管理办法

**制定管理办法目的**

为鼓励销售人员发挥工作潜能，积极拓展市场，促进公司产品的营销，维护公司的正常发展，特制定本办法。

**实施对象**

本办法的实施对象为公司销售业务代表以及销售业务的主管人员（主任级及其以上人员）。

**计算时间**

奖励计算的标准时间为每月月初至月末。

**销售业务代表奖励办法**

销售业务代表奖励办法。根据销售达成率、收款达成率、客户交易率三项指标综合评定。

计算公式：

1. 销售达成率 =（销售金额－退货金额）/销售目标金额×100%

说明事项：等式右方最高按150%计算（之所以限定为最高上限，是因为目标制定过低或某些突发事件出现，而非销售人员个人努力的结果）。

2. 收款达成率 = 货款回收率×60% + 回收周转率×40% = 实际收款额/上月应收款余额 + 本月实际销售额×60% + 90/［实际收款额×（货款到期日－收款基准日）/实际收款额］×40%。

说明事项：

- 货款回收率低于40%（即等式右方的前项低于24%）时，不计奖金
- 现金扣5%的客户，等式右方的后项货款到期日应加75天
- 收款基准日为次月10日
- 后项的分子数90天是指公司所允许的最长票期（从送货后的次月1日算起）

3. 客户交易率 =（每日交易客户数/250×50% + 当月交易客户数/总客户数×a）

说明事项：

- 等式右方的前项最高按30%计算，即最高为150。250是指每月工作25

天，每位销售人员最起码每天应拜访 10 位客户。因前项的 50% 加后项的 a 的百分数超过 100%，所以限定 30% 为最高限

- 当月交易客户数对客户不可重复计算
- 总客户在 100 户以上者，a 定为 90%
  总客户数为 90 户～99 户者，a 定为 80%
  总客户数为 80 户～89 户者，a 定为 70%
  总客户数为 70 户～79 户者，a 定为 60%
  总客户数为 60 户～69 户者，a 定为 50%
  总客户数为 59 户者，a 定为 0%
  总客户数是销售人员负责区域内的有往来的客户总数

**销售业务主管人员奖励办法**

计算公式：

产品销售达成率 =（销货量－退货量）/A 部甲产品销售目标量×40% +（销货量－退货金额）/A 部乙产品销售目标量×25% +（销货量－退货量）/A 部丙产品销售目标量×10% +（销售额－退货量）/产品销售目标金额×20% +（销售额－退货金额）/C 产品销售目标金额×5%。

说明事项：

1. 等式右方各项新产品的达成率最高以权数的 150% 计算。
2. 仅负责单项新产品销售的业务主管人员，则比照销售业务人员的办法计算。

**奖金的核算单位**

由领取奖金的单位负责计算奖金金额，并于次月 15 日以前提呈，在工资发放日同时发给。稽核科应按时进行抽查工作，以稽查各单位奖金核计的正确性。

**奖金领取的限制条件**

1. 若有舞弊隐瞒及不正当的虚伪销售、收款及虚设客户冒领奖金的事情，一经查实，除收回奖金外，还要停止该员及该单位主管人员半年内获取奖金的资格，同时按人事管理规定另行处置。
2. 当月该销售业务代表若发生倒账事件，除该员及其所属主管人员不得领取该月奖金外，还要依照倒账赔款办法处理。

**办法实施时间**

本办法自 1 月 1 日起实施，并根据实际情况加以修改。

## 5.7 销售人员奖金发放办法

**制定奖金发放办法的目的**

为鼓舞销售人员工作热情，提高工作绩效，积极开辟推销路线，开拓市场，本公司特制定本办法。

**办法实用对象**

销售人员奖金发放办法按营业所销售人员和外部销售人员分别制定。

**营业所销售人员应得分数的计算**

营业所销售人员（整体）应得分数的计算根据以下几项内容：收益率（占20%）、销售额完成率（占40%）、货款回收期（占30%）、呆账率（占5%）、事务管理（占5%）。其各自的计算方法为：

1. 收益率得分

- 收益率得分 = 20 分 + 盈亏率 ÷ 0.1% × 1.5 分
- 盈亏率 = 实际盈余（或亏损）/实际销售额 × 100%
- 如存在亏损，则盈亏率为负。

2. 销售完成率得分

- 销售完成率得分 = 40 分 × 销售额完成率
- 销售额完成率 = 实际完成销售额/目标销售额 × 100%
- 如有个别特殊原因使销售额大幅度增长，则原销售目标应再增加，以免使非因个人努力而获得的销售增长计入该月销售目标
- 实际销售额一律按净销售额计算

3. 货款回收期得分

- 货款回收期项目基准分为 30 分
- 货款回收日期比基准日每增加一天扣减 0.5 分，每减少一天增加 1 分

4. 呆账率得分

- 呆账率 = 呆账额/实际销售额 × 100%
- 无呆账者得 7.5 分，呆账率基准为 0.2%，实际呆账率在 0.2% 以内者得 5 分，每增出基准 0.1% 则扣减 0.5 分

5. 事务管理得分

- 事务管理项目满分为 5 分

- 公司列入管制的业务报表每迟送或虽未迟送但内容出现错误者，每次扣减 1 分。如因迟送致使绩效统计受到影响，则本项分数为零外，再倒扣 5 分

6. 营业所销售人员（整体）应得分数为以上五项各分数的加总。

**外部销售人员应得分数计算**

外部销售人员应得分数根据以下几项内容计算，销售完成率（占 50%）、货款回收期（占 30%）、客户普销度（占 10%）、呆账率（占 10%）。其各项的具体计算方式如下：

1. 销售完成率得分

- 销售完成率得分 = 50 分 × 销售完成率
- 销售完成率 = 实际完成销售额/目标销售额 × 100%
- 如有个别特殊原因促进了销售额（量）的增长，则这部分增长应计入该月的销售目标，对原销售目标加以调整
- 实际销售额一律按净销售额计算

2. 货款回收期得分

- 本项目基本分数为 30 分
- 货款回收期每超过基准日一天扣减 0.5 分，每提前一天增加 1 分

3. 客户普销度得分

- 客户普销度得分 = 10 分 × 客户交易率
- 客户交易率 = 实际交易客户数/180 户 × 100%
- 假如辖区内的总客户数不足此项的最低标准（180 户），属于专业外部或特殊地区等情形时，须报请上级批准，根据具体情况酌情处理
- 本项最后得分最高以 14 分为限

4. 呆账率得分

- 呆账率 = 呆账额/实际销售额 × 100%
- 无呆账者得 15 分，呆账率在基准（0.2%）以内者得 10 分，每超过基准 0.1% 扣减 0.5 分

5. 外部人员的应得分数为以上四项分数的算术和。

**获得奖金的基本条件要求**

1. 营业所销售人员（整体）

- 销售额完成率要求在 100% 以上，总分数要求在 100 分以上
- 全期平均无亏损（假如亏损则保留该营业所名次并列入考绩，但奖金不予

发放）

2. 外部销售人员

- 销售额完成率要求在100%以上，总分数要求在100分以上
- 生活用品交易客户数均应在150户以上（按月计算）

**奖金计发方式**

每月计分一次，每3个月累计分数计发奖金一次。

**奖金金额与分配方法**

1. 营业所销售业务人员

（1）根据各所实得总分排定前五名，其余符合得奖条件但未能名列前五名之内的营业所列入合格类别。

（2）奖金的具体分配比重为：

- 主任 ………………………………………………………… 每人1.2
- 主计（含副主任）：外务及库员 ………………………… 每人1.1
- 助计、助库、司机、助理外务、配货 ………………… 每人1.0
- 守卫 ………………………………………………………… 每人0.275

（3）全部外销员的奖金总数根据各个人的销售完成率之比重新实施再分配。

（举例：某营业所获总分第三名，应得奖金额为800元，共有四名外销人员，其各自销售完成率为甲150%、乙135%、丙120%、丁115%，则营业所主任奖金为800×1.2=960元，司机奖金每人为800×1.0=800元，守卫人员每人奖金800×0.275=220元，主计每人奖金800×1.1=880元，外销人员奖金总额为800×1.1×4=3520元，则甲外销员应得奖金为3520元×150/520=1015元，乙外销员应得奖金为3520×135/520=914元，丙外销员应得资金为3520元×120/520=812元，丁外销员应得资金为3520×115/520=779元）。

2. 外部销售人员

（1）首先根据各人的实得分数排定前十名，符合得奖条件而未能列入前十名者归入合格一级。

（2）具体分配办法是：外销员获得相应奖金金额的60%，助理外销员（配货）及司机各得奖金的20%。

（3）如有两位以上助理外销员（配货）司机协助该外销员，则依各人对该外销工作的贡献程度比重实施再分配。

**对业绩不合格销售的处理办法**

销售完成率在80%以下，而且名列最后一名者记过一次，名列倒数第二名

者警告两次，倒数第三名者警告一次，如连续两次均名列最后一名，则以降职处理。

**虚报销售业绩的处理办法**

如有虚报销售业绩者，一经查出，除收回所发奖金外，还将另外严加惩处。

## 5.8　销售人员薪酬制度范例

**职位资格说明**

1. 新进销售人员

指无经验的新进人员。

2. 销售人员

新进销售人员试用期满，能力经认可者或有经验的销售人员。

3. 地区销售经理

具有一定的销售工作经验、有销售管理能力者。另凡销售人员符合下列条件者，也可以在适当的时候晋升为销售经理或提薪：

- 连续4个月业绩达到90万元者
- 一年之内没有连续4个月业绩达90万元，而每月业绩在70万元以上者

4. 销售经理

由总经理聘任。

**薪金制度**

1. 新进销售人员

- 责任额：200万元/年
- 底薪：（含交通津贴）4万元/年
- 佣金及绩效奖金如下

| 销售额达 | 佣金比例 | 销售额达 | 绩效奖金 |
| --- | --- | --- | --- |
| 200万~400万元 | 1.5% | 100万元 | 0.4万元 |
| 400万~700万元 | 1.8% | 200万元 | 0.7万元 |
| 700万元以上 | 2.0% | 500万元 | 1.3万元 |
|  |  | 700万元 | 1.8万元 |
|  |  | 700万元以上 | 2万元 |

- 特别奖：凡表现突出者，另发特别奖

2. 老销售人员
- 责任额：400万元/年
- 底薪：（含交通津贴）8万元/年
- 佣金及绩效奖金如下

| 销售额达 | 佣金比例 | 销售额达 | 绩效奖金 |
|---|---|---|---|
| 400万~600万元 | 1.7% | 300万 | 0.5万元 |
| 600万~800万元 | 1.9% | 500万 | 1.0万元 |
| 800万~1000万元 | 2.0% | 1000万 | 2.0万元 |
| 1000万元以上 | 2.1% | 1000万元以上 | 3.0万元 |

- 特别奖：凡表现突出者，另发特别奖

3. 地区销售经理
- 责任额：600万元/年
- 底薪：（含交通津贴）12万元/年
- 佣金及绩效奖金如下

| 销售额达 | 佣金比例 | 销售额达 | 绩效奖金 |
|---|---|---|---|
| 600万~800万元 | 1.8% | 600万 | 1.0万元 |
| 800万~1200万元 | 2.0% | 1000万 | 2.0万元 |
| 1200万~1600万元 | 2.1% | 1500万 | 3.0万元 |
| 1600万元以上 | 2.2% | 2000万元以上 | 5.0万元 |

4. 销售经理
- 责任额：2.4亿元/年
- 底薪：（不含交通津贴）15万元/年
- 奖金：按销售额完成情况核算

| 不足2亿元（含） | 1万元 |
|---|---|
| 2亿~2.4亿元（含） | 10万元 |
| 2.4亿~3亿元（含） | 15万元 |
| 超过3亿元 | 20万元 |

**其他说明**

1. 每项产品明确定价,若非特殊情况,原则上不二价。
2. 凡低于定价销售者,其3%以内部分由公司、个人各负担50%,3%~5%部分公司负担25%、个人负担75%,超过5%部分全部由个人负担。
3. 特殊状况(如大量订购者)由销售经理以上人员审批。
4. 优惠、减价部分,全额由公司负担。
5. 新产品问世政策另定。

## 5.9　销售人员福利制度范例

**制定目的**

为吸引和留住优秀人才,公司提供优良的福利条件,并根据国家、当地政府有关劳动、人事政策和公司规章制度,特制定本范例。

**制定公司福利制度的原则**

结合公司生产、经营、管理特点,建立起公司规范合理的福利制度体系。

**公司福利的原则**

公司福利不搞平均主义和大锅饭,应根据绩效不同、服务年限不同而有所区别。

避免公司福利一应俱全的弊病,福利享受从实物化转变为货币化。

**公司福利的对象**

- 正式在职员工
- 非正式员工
- 离退休员工

不同员工群体在享受福利项目上有差异。

**公司提供的各类假期**

- 法定节假日
- 病假
- 事假
- 婚假
- 丧假

- 探亲假
- 产假
- 公假
- 年假
- 工伤假

具体请假事宜见员工请假办法文件。

公司提供进修、培训教育机会。

**公司提供各类津贴和补贴**

- 住房补贴或购房补贴
- 防暑降温或取暖补贴
- 洗理费补贴
- 交通补贴
- 生活物价补贴
- 托儿津贴
- 服装费补贴
- 节假日补贴
- 年假补贴

具体事宜见公司补贴津贴标准。

**公司提供各类保险**

- 医疗保险
- 失业救济保险
- 养老保险
- 意外伤害、工伤事故保险
- 员工家庭财产保险

具体事宜见公司员工保险办法文件。

**其他福利**

- 公司推行退休福利，所有退休人员享有退休费收入，领取一次性养老补助费
- 公司提供免费工作午餐，轮值人员享有每天两顿免费餐待遇
- 公司提供宿舍给部分员工。申请事宜见员工住房分配办法
- 公司员工享受有公司年终分红的权利和额外奖励

- 公司为员工组织各种文化体育和联谊活动,每年组织旅游和休养、疗养
- 公司对员工结婚、生日、死亡、工伤、家庭贫困均有补助金

**劳动保护**
- 公司保护员工在工作中的安全和健康
- 凡因工作需要保护的在岗员工,公司须发放劳动保护用品
- 劳保用品不得无故不用,不得挪作他用

辞职或退休、退职离开公司时,须交还劳保用品。在公司内部调配岗位,按新工种办理劳保用品交还转移、增领手续。

**保健费用**
- 凡从事有毒或恶劣环境作业的员工须发放保健费
- 对义务献血的员工,除给予休假外,还应发放营养补助费

## 5.10 销售人员工资核准表

| 工作部门 | | 职　别 | |
|---|---|---|---|
| 姓　名 | | 日　期 到公司 | 年　月　日 |
| 学　历 | | | |
| 工作经验 | 相关　　年,非相关　　年,共　　年 | | |
| 能力说明 | | | |
| 要求待遇 | | 公司标准 | |
| 按核工资 | | 生效日期 | |
| 批示 | | 单位主管 | | 人事经办 | |

## 5.11 新到销售人员工资表

| 人员编号 | 姓名 | 开展业务地区 | 担任工作 | 到公司日期 | 奖　　金 | | |
|---|---|---|---|---|---|---|---|
| | | | | | 年 | 月 | 本薪 |
| | | | | | | | |
| | | | | | | | |
| | | | | | | | |
| | | | | | | | |
| | | | | | | | |
| | | | | | | | |
| | | | | | | | |
| | | | | | | | |
| | | | | | | | |
| | | | | | | | |
| | | | | | | | |
| | | | | | | | |

经办：　　　　　批示：　　　　　审核：　　　　　拟定：

## 5.12 一般销售人员工资表

单位：　　　　　　　　　　　　　　　　　　　　　　　　　　　　____月份____页

| 编号 | 姓名 | 每月工作天数 | 日薪 | 本薪 | 奖金 | 假日津贴 | 提成 | 加班津贴 | 本期工资总支 | 扣除部分 ||||  实发工资 |
|---|---|---|---|---|---|---|---|---|---|---|---|---|---|---|
| | | | | | | | | | | 福利金 | 伙食费 | 所得税 | 借支 | |
| | | | | | | | | | | | | | | |
| | | | | | | | | | | | | | | |
| | | | | | | | | | | | | | | |
| | | | | | | | | | | | | | | |
| | | | | | | | | | | | | | | |
| | | | | | | | | | | | | | | |
| | | | | | | | | | | | | | | |
| | | | | | | | | | | | | | | |
| 合计 | | | | | | | | | | | | | | |

总经理：　　　　　　经理：　　　　　　会计：　　　　　　填表：

163

## 5.13　销售骨干工资表

| 编号 | 姓　名 | 核　定　工　资 ||||| 备注 |
|---|---|---|---|---|---|---|---|
| | | 本　薪 | 特殊津贴 | 年终奖金 | 职务工资 | 工作补助 | |
| | | | | | | | |
| | | | | | | | |
| | | | | | | | |
| | | | | | | | |
| | | | | | | | |
| | | | | | | | |
| | | | | | | | |
| | | | | | | | |
| | | | | | | | |
| | | | | | | | |
| | | | | | | | |
| | | | | | | | |
| 合　计 | | | | | | | |

审核：　　　　　　　　　　　　　　　　　　　　　　　　　　记录：

## 5.14 销售干部奖金核定表

月份：

| 部门 | 姓名 | 职别 | | 销售业务 | 业务奖金 | 销售利润 | 利润奖金 | 产品市场占有率 | 占有率奖金 | 销售人员开发 | 人员开发奖金 | 奖金合计 |
|---|---|---|---|---|---|---|---|---|---|---|---|---|
| | | 经理 | 助理 | | | | | | | | | |
| | | | | | | | | | | | | |
| | | | | | | | | | | | | |
| | | | | | | | | | | | | |
| | | | | | | | | | | | | |
| | | | | | | | | | | | | |
| | | | | | | | | | | | | |
| | | | | | | | | | | | | |
| | | | | | | | | | | | | |
| | | | | | | | | | | | | |
| | | | | | | | | | | | | |
| | | | | | | | | | | | | |
| | | | | | | | | | | | | |
| | | | | | | | | | | | | |
| | | | | | | | | | | | | |
| | | | | | | | | | | | | |
| | | | | | | | | | | | | |
| | | | | | | | | | | | | |

注：助理人员视职务类别决定奖金金额，奖金总额在主管人员奖金50%～100%之间。

## 5.15 销售人员工资调整表

部门：　　　　　　　　___年___月___日　　　　页次：

| 编　号 | 姓　名 | 本　薪 | | 加班费 | | 奖　金 | | 合　计 | | |
|---|---|---|---|---|---|---|---|---|---|---|
| | | 原工资 | 按调整 | 原加班费 | 按调整 | 原奖金 | 按调整 | 原工资 | 按调整 | 增加率 |
| | | | | | | | | | | |
| | | | | | | | | | | |
| | | | | | | | | | | |
| | | | | | | | | | | |
| | | | | | | | | | | |
| | | | | | | | | | | |
| | | | | | | | | | | |
| | | | | | | | | | | |
| | | | | | | | | | | |
| | | | | | | | | | | |
| | | | | | | | | | | |
| | | | | | | | | | | |
| | | | | | | | | | | |
| 合　计 | | | | | | | | | | |

## 5.16 销售人员奖金表

____年____月____日

| 编号 | 姓名 | 应发数 ||||||  合计 | 应扣数 |||||| 实发数 | 备注 |
||||底薪|成效奖金|销售津贴|假日津贴|加班津贴|业绩提成||所得税|劳保费|工会费|福利费|医药费|借支|||
|---|---|---|---|---|---|---|---|---|---|---|---|---|---|---|---|---|
| | | | | | | | | | | | | | | | | |
| | | | | | | | | | | | | | | | | |
| | | | | | | | | | | | | | | | | |
| | | | | | | | | | | | | | | | | |
| | | | | | | | | | | | | | | | | |
| | | | | | | | | | | | | | | | | |
| | | | | | | | | | | | | | | | | |
| | | | | | | | | | | | | | | | | |

总经理：　　　　　经理：　　　　　复核：　　　　　制表：

## 5.17 销售人员奖金核定表

月份：

| 本月营业额 | | 本月净利润 | | 利润率 | |
|---|---|---|---|---|---|
| 可得奖金 | | 调整比例 | | 应发奖金 | |

<table>
<tr><td rowspan="12">奖金核定</td><td>编号</td><td>姓名</td><td>职别</td><td>奖金</td><td>编号</td><td>姓名</td><td>职别</td><td>奖金</td></tr>
<tr><td></td><td></td><td></td><td></td><td></td><td></td><td></td><td></td></tr>
<tr><td></td><td></td><td></td><td></td><td></td><td></td><td></td><td></td></tr>
<tr><td></td><td></td><td></td><td></td><td></td><td></td><td></td><td></td></tr>
<tr><td></td><td></td><td></td><td></td><td></td><td></td><td></td><td></td></tr>
<tr><td></td><td></td><td></td><td></td><td></td><td></td><td></td><td></td></tr>
<tr><td></td><td></td><td></td><td></td><td></td><td></td><td></td><td></td></tr>
<tr><td></td><td></td><td></td><td></td><td></td><td></td><td></td><td></td></tr>
<tr><td></td><td></td><td></td><td></td><td></td><td></td><td></td><td></td></tr>
<tr><td></td><td></td><td></td><td></td><td></td><td></td><td></td><td></td></tr>
<tr><td></td><td></td><td></td><td></td><td></td><td></td><td></td><td></td></tr>
<tr><td></td><td></td><td></td><td></td><td></td><td></td><td></td><td></td></tr>
</table>

| | 本月净利润 | 可得奖金 | 个人销售额 | 个人提成 |
|---|---|---|---|---|
| 奖金核定标准 | 10万元以上 | 1万元 | 10万元以上 | 0.5% |
| | 10万~20万元 | 2万元 | 10万~20万元 | 0.75% |
| | 20万~30万元 | 4万元 | 20万~30万元 | 0.75% |
| | 30万~40万元 | 6万元 | 30万~40万元 | 0.6% |
| | 40万~50万元 | 8万元 | 50万元以上 | 0.5% |
| | 50万元以上 | 每增加10万元增加1万元 | | |

总经理： 核准： 填表：

## 5.18  销售人员薪金等级表

| 级别 | 职务 | 底薪 | 奖金 | 津贴 | 提成比例 | 认股权证 |
|---|---|---|---|---|---|---|
| 1 | 实习业务员 | | | | | |
| 2 | 销售人员 | | | | | |
| 3 | 小区经理 | | | | | |
| 4 | 大区副经理 | | | | | |
| 5 | 大区经理 | | | | | |
| 6 | 销售部副总 | | | | | |
| 7 | 销售部总经理 | | | | | |

## 5.19  销售人员提成比例一览表

| 编号 | 姓　名 | 提成比例 | 备　注 | 编号 | 姓　名 | 提成比例 | 备　注 |
|---|---|---|---|---|---|---|---|
| | | | | | | | |
| | | | | | | | |
| | | | | | | | |
| | | | | | | | |
| | | | | | | | |
| | | | | | | | |
| | | | | | | | |
| | | | | | | | |

总经理：　　　　　　销售经理：　　　　　　制表：

## 5.20 兼职销售人员奖金提成核定表

月份：

本月营业额　　　千元
本月净利润　　　千元

| 编　号 | 职　务 | 姓　名 | 销售奖金计提比例 | 利润奖金计提比例 | 提成比例 | 合计 | 备注 |
|---|---|---|---|---|---|---|---|
| | | | | | | | |
| | | | | | | | |
| | | | | | | | |
| | | | | | | | |
| | | | | | | | |
| | | | | | | | |
| | | | | | | | |
| | | | | | | | |
| | | | | | | | |
| | | | | | | | |
| | | | | | | | |
| | | | | | | | |
| | | | | | | | |
| | | | | | | | |
| | | | | | | | |
| | | | | | | | |
| 合　计 | | | | | | | |

第 6 章

# 销售市场调查

## 6.1 市场调查管理制度

搞好市场调查及预测工作，并据此作出正确的经营方针，是企业提高经济效益十分重要的环节。为对广泛的市场信息进行有效的管理，从而作出近乎实际的市场预测，特制定本工作管理制度。

1. 市场调查及预测工作在经营副经理领导下由销售科归口，研究所、计划科、信息中心等有关部门参与共同完成此项工作。

2. 市场调查及预测的主要内容及分工

（1）调查国内各厂家同类产品在国内外全年的销售总量和同行业年生产总量，用以分析同类产品供需饱和程度和本公司产品在市场上的竞争能力。此项资料每年 6 月前由工厂信息中心提供；

（2）调查同行业同类产品在全国各地区市场占有量以及公司产品所占比重。此项资料每年 6 月前由公司信息中心提供；

（3）了解各地区用户对产品质量反映、技术要求和主机厂配套意见，借以提供高质量产品，开发新品种，满足用户要求。此项资料由全质办和研究所分别在每年 6 月前提出；

（4）了解同行业产品更新及其改进方面的进展情况，用以分析产品发展新动向。此项工作由研究所在每年 6 月前提出；

（5）预测主机配套，全国各地区及外贸销售量，平衡分配关系，此项工作由销售部在当年 6 月前予以整理并作出书面汇报；

（6）搜集国外同行业同类产品更新技术发展情报，外贸对本厂产品销售意向，国外用户对本公司产品的反映及信赖程度，用以确定对外市场开拓方针。国外技术更新资料由研究所提供，外贸资料由销售科提供。

3. 市场调查方式

（1）抽样调查：对各类型用户进行抽样书面调查，征询对本厂产品质量及销售服务方面的意见。根据反馈资料写出分析报告；

（2）组织公司管理人员、设计人员、销售人员进行用户访问，每年进行一次，每次一个月左右，访问结束，填好用户访问登记表并写出书面调查汇报；

（3）销售人员应利用各种订货会与用户接触的机会，征询用户意见，收集市场信息，写出书面汇报；

（4）搜集日常用户来函来电，进行分类整理，需要处理的问题应及时反馈；

（5）不定期召开重点用户座谈会，交流市场信息，反映质量意见及用户需求等情况，巩固供需关系，发展互利协作，增加公司产品竞争能力；

（6）建立并逐步完善重点用户档案，掌握重点用户需要的重大变化及各种意见与要求。

4. 市场调查用户预测所提供的各方面资料，销售部应有专人负责管理，综合、传递并与工厂信息中心密切配合，做好该项工作。

## 6.2 销售市场调查计划的制定

营销调研要取得预期的效果，就必须有一个完整的、切实可行的计划。一般来说，营销计划的制定包括分析市场情况、确定调研目标、确定调研项目、选择收集资料的方法、预算调研经费和调研计划的评估六个方面的内容。

### 1. 分析市场情况

主要是针对一个地区、一个企业或一种商品，找出在企业市场营销中出现的问题，然后对症下药，寻求解决问题的方法。通常采用初步情况分析和非正式调查两种方法，将调研的问题减少或缩小范围，以便最后确定调研内容。

### 2. 确定调研目标

企业要从自己的战略目标出发，根据企业内外部条件的变化及调研目标要达到的程度，确定调研目标。调研目标主要回答为什么调研，希望得到什么结果等问题。同时，企业要相应地确定调查地点、对象、方法等，以便进行调查表的设计。

### 3. 确定调研项目

这是营销调研计划的基本内容。企业可以根据其调研目标制定调研项目。调研项目的基本内容包括：

（1）需要收集哪些资料和数据。

（2）资料来源。包括第一手资料即企业通过调查直接从消费者、生产企业、中间商和竞争者等方面收集到的最初的资料和第二手资料，即企业通过查阅有关的资料或通过专业的信息服务机构获得的资料。

（3）获得资料并证实资料的准确性。

#### 4. 选择资料收集的方法

这是实现调查目的的基本手段。企业应该根据不同的调研项目而采用不同的调查方法，以获得最佳的调查效果。因为资料的来源很多，所以企业必须从优选择。一般而言，调查的基本方法可以分为询问法、观察法、实验法和消费者固定样本连续法等四种方法。

#### 5. 预算调研经费

企业采取不同的调查方案和调查方法，其调查费用也不一样。企业营销调研的目的是提高企业的经济效益，调查费用过高，就会得不偿失，造成不必要的浪费。因此，企业必须结合调研要达到的效果从严控制调研经费开支。

#### 6. 调研计划的评估

市场调研计划确定后，主管部门应对计划进行评估，评估的内容包括调查目的是否符合要求，调查项目是否完整，调查方法是否实用，时间和费用是否合理等四个方面的内容。

## 6.3 销售调查计划的实施和控制

营销计划制定完毕并经主管部门审批之后，就直接进入计划的实施和控制阶段，这个阶段的主要任务是组织和培训调查人员、资料的收集、资料的分析和整理以及编写调查报告四个方面的内容。

#### 1. 组织和培训调查人员

企业应当根据调查的任务和范围，确定参加人员的多少并对参加调查人员的素质和业务能力进行考核。然后组织专业培训，集中进行学习。主要是让调查人员明确调查的任务、内容、步骤和方法等。

#### 2. 资料的收集

收集的目的是要找到能帮助达到调查目标的任何有用信息。在实地搜集资料时，企业应该加强对调查人员的监督。否则，收集的资料将会由于没有按照调研计划去执行而功亏一篑。因此，在调查过程中，企业必须经常检查和监督资料的收集人员，同他们保持密切的联系。

#### 3. 资料的分析和整理

调研的价值在于获得有用信息，但由于企业所得的信息往往是分散的、片面的，甚至是不真实的。对此企业必须分析整理所得资料，去粗取精，去伪存真。这样才能反映调查事物的内在联系和本质，从而正确地预测其发展趋势，实现调研的价值。

**4. 编写调查报告**

调查报告通常有两种形式：专题报告和综合报告。调查报告应对关键的资料作一个简要的总结，并对调研过程、资料和结论作出详细的解释。

营销调研计划是企业实行正确营销决策的基础，是制定企业销售计划的重要依据，也是实现营销控制的重要条件。令人遗憾的是，尽管每个企业都明晰营销调研计划的重要性，但似乎很少有企业能够正确地实施、控制计划过程。也有许多企业误把一些与计划有关的工作程序认为是营销调研计划，这种方法可能在短期内有效，但很难把营销中所有要素组成一个有意义的整体。

# 6.4 文献调查及其鉴定标准

**1. 文献种类和获得渠道**

文献调查的对象是文献，这就需要对文献的种类和来源有深入的了解。从我国目前实际情况来看，有关市场信息的文献种类包括：

（1）国家统计局和各级地方统计部门定期发布的统计公报、定期出版的各类统计年鉴，这些都是权威性的一般综合性资料文献。

（2）各种经济信息部门、各行业协会和联合会提供的定期或不定期信息公报。这类文献或数据定向性较强，是市场调查中文献的重要来源。

（3）国内外有关报纸、杂志、电视等大众传播媒介。这些传媒提供种类繁多、形式多样的各种直接或间接的市场信息，它们是文献调查中主要的查找对象。

（4）各种国际组织、外国驻华使馆、国外商会等提供的定期或不定期统计公告或交流信息。

（5）国内外各种博览会、交易会、展销订货会等营销性会议，以及专业性、学术性会议上所发放的文件和资料。

（6）工商企业内部资料，如销售记录、进货单、各种统计报表、财务报表等。

（7）各级政府部门公布的有关市场的政策法规，以及执法部门有关经济案例。

（8）研究机构、高等院校发表的学术论文和调查报告等。

**2. 文献真实性和可用性鉴定**

（1）文献真实性的检验是很重要的一项工作，通常的鉴定方法是看作者，应排除有疑问的作者，或浮夸成风年代的文献。

（2）文献可用性鉴定，是指检查文献的属性，特别是对数据性文献资料，要检查数据测量尺度、分组状态是否与调查内容要求相适应。如果需要原始数据，还应事先了解清楚所需支付的费用，以防超出支付能力。文献的可用性鉴定，还包括对文献的时效性、完整性的考察。

（3）文献真实性和可用性的鉴定，是根据调查目的而对将要采用的文献可利用价值的考虑。高质量的文献资料的基本特点是真、新、全、准。

# 6.5 焦点访谈调查的步骤

焦点访谈是技术性要求较高的调研方法，要选择合适的被调查者，创造平等、轻松的环境，还要使被调查者都讲真心话，不是件容易事。因此焦点访谈的有效组织是非常重要的。一般从以下几个方面来进行：

**1. 明确访谈目的**

企业在进行焦点访谈前必须明确调查的目的，以便在调查过程中做到有的放矢。

**2. 甄别参与者**

焦点访谈的参与者一般都要经过甄别。先由研究人员定下标准，让访问员找到足够的符合条件的候选人，并且对参与者分组，一般以某个参数是否同质为准，同质同组。很多时候根本无法判断哪个参数最重要，完全靠研究人员根据自己调研的目的来决定。此外，参与者应该尽量"普通"些，如果没有必要，应该把有"专家"行为倾向的人排除在外，包括一些特殊职业（如律师、记者、讲师等）的消费者，因为他们很容易凭借自己的"健谈"过多占用发言时间，并且影响其他参与者，同时增加了主持人的控制难度。

**3. 确定主持人**

合格主持人首先应该是训练有素的调研专家，他对调研背景、调研目的、调研程序、分组情况都应该了如指掌。如果要主持一个诊断性小组座谈,主持人还要有良好的心理学和社会心理学的造诣。主持人最重要的素质要求见下表:

**焦点访谈中对主持人素质的基本要求**

| 素质要求 | 说　　　明 |
| --- | --- |
| 坚定中的和善 | 为了促成必要的相互影响,主持人应将训练有素的(不偏不倚的)超脱的态度与理解对方并将感情投入这两者很好地结合起来 |
| 容许 | 主持人必须容许出现小组的兴奋点或目的不集中的情况,但必须保持警觉性 |
| 介入 | 主持人必须鼓励和促进热情的个人介入 |
| 不完全理解 | 主持人必须通过摆出自己对问题的不完全理解,进而鼓励参加者更具体地阐述其看法 |
| 鼓励 | 主持人必须鼓励不发言的成员积极参与 |
| 灵活 | 在小组座谈过程出现混乱时,主持人必须能够随机应变并及时改动计划的座谈提纲 |
| 敏感 | 主持人应是足够敏感的,以便能够在既有感情又有理智的水平上去引导小组的讨论 |

### 4. 准备调研提纲

调研提纲是焦点访谈的问题纲要,它应该给出小组要讨论的所有主题,还要把主题的顺序作合理的安排。

### 5. 现场布置

不同的调研项目需要不同的现场布置,比如广告效果座谈就需要投影仪和屏幕;概念测试需要制作概念板;口味测试则需要更多的准备,如苏打水、饼干、笔、纸都要提早到位。另外,在每次座谈前,都把参与者的名字写在桌牌上,预先放置妥当。这样做首先可以使参与者能够按我们设定的次序就座,大大方便了记录和数据分析处理;其次,主持人在座谈过程中能够直接称呼参与者,极大地促进了沟通关系的建立,也方便了主持人的工作。

### 6. 实施座谈

座谈时要注意访谈者的专业、兴趣爱好和关注点,并注意把握好访谈时间和进程节奏。

### 7. 分析资料和数据

几组焦点小组座谈实施完了,参与者说的都是真心话吗?是不是还有不明确的信息？要不要再组织一次补充？是否需要用其他方法继续深入调研、观察、实验或者问卷访问？这些都需要对资料和数据分析之后才能得出结果。

**8. 总结和撰写调研报告**

一般要求主持人、参与座谈的工作人员、观察者（营销专家、调研人员）每人都递交一份分析报告，然后集中到调研人员手中，由调研人员召集项目组人员举行头脑风暴会议，对每个人独到的见解再次进行剖析和发散，最后由调研人员撰写正式报告。

## 6.6 焦点访谈调查的注意事项

企业在进行焦点访谈时，应该注意以下事项：

**1. 焦点访谈的目的决定了所需要的信息**

从而也决定了被访者和主持企业可以应用一些特殊的调研技术，如测试态度的量表技术，以及一些特殊的仪器，如广告效果测试时，常常需要瞬间显示器和投影仪，这些都需要提早落实，准备到位。

**2. 曾经参加过焦点访谈的人，是不合适的参与者**

曾经参加过焦点访谈的人会对访谈的进程和内容比较熟悉，故访谈中不容易获得新信息。

**3. 参与者中应该避免亲友、同事关系**

因为这种关系会影响发言和讨论，万一发生这种现象，应该要求他们退出。

**4. 每个小组参与者的数量**

一直以来认为8~12人是合适的，但经常有4~5人的焦点访谈实施，这主要应该看讨论的内容是什么。如我们为一个电脑软件实施焦点小组座谈时，为了让消费者能充分熟悉软件功能，并尽量深入发表意见，每组只有4个参与者，而座谈持续3小时以上。

**5. 吸引参与者参加座谈的措施**

（1）报酬越高越能吸引人参与。

（2）越枯燥的调研项目报酬越要高。

（3）座谈会要尽量安排在周末举行。

（4）向目标人选描述座谈会如何有趣、有意义。

（5）强调目标人选的参与对研究十分重要。

### 6. 主持人在焦点小组座谈中要明确工作职责，其工作职责包括

（1）与参与者建立友好的关系。

（2）说明座谈会的沟通规则。

（3）告知调研的目的并根据讨论的发展灵活变通。

（4）探寻参与者的意见，激励他们围绕主题热烈讨论。

（5）总结参与者的意见，评判对各种参数的认同程度和分歧。

### 7. 主持人应把握会场气氛

主持人在座谈开始时就应该亲切热情地感谢大家的参与，并向大家解释焦点小组座谈是怎么一回事，使参与者尽量放松。然后，真实坦诚地介绍自己，并请参与者——自我介绍。沟通规则一般应该包括以下内容，并诚恳地告诉参与者：

（1）不存在不正确的意见，你怎么认为就怎么说，只要你说出真心话。

（2）你的意见代表着其他很多像你一样的消费者的意见，所以很重要。

（3）应该认真听取别人意见，不允许嘲笑贬低。

（4）不要互相议论，应该依次大声说出。

（5）不要关心主持人的观点，主持人对这个调研课题跟大家一样，主持人不是专家。

（6）如果你对某个话题不了解，或没有见解，不必担心，也不必勉强地临时编撰。

（7）为了能在预定时间内完成所有问题，请原谅主持人可能会打断你的发言等等。

### 8. 焦点访谈的数据和资料分析要求主持人和分析员共同参与

他们必须重新观看录像，不仅要听取参与者的发言内容，而且要观察发言者的面部表情和肢体语言。企业在产品的概念测试时特别要注意这一点，因为参与者往往不愿意对设计的"概念"提出激烈的反对意见，只有当企业自己观察到参与者不屑一顾的嘲讽表情时，才会认识到概念并不受欢迎。

焦点访谈作为定性调研中最常用的方法，在发达国家十分流行，它比一对一的面试更容易发现新概念、新创意，而且快速，能节省大量时间。此外，由于提供了较好的观察被访者言行的机会（如通过单向镜或监视器等），从而使不同的观察者都能发现自己所要的信息。

## 6.7 测定市场容量的步骤

市场容量的测定是调查研究、综合分析和计算推断的过程。一个完整的市场预测，一般包括下面几个步骤：

**1. 确定预测目的**

进行一项预测，首先必须明确预测的目的，即为什么要进行这项预测，它要解决什么问题。预测目的直接影响着预测内容、规模以及预测方法的选择等一系列工作。只有目的明确，才能使预测工作有的放矢，避免盲目性。

**2. 收集、整理和分析资料**

资料是预测的基础，收集什么资料，是由预测的目的确定的。对所收集到的资料要进行认真的审核，对不完整和不适用的资料要进行必要的调整。对经过审核和调整的资料，还要进行初步分析，观察资料结构的性质，作为选择适当预测方法的依据。

**3. 选择适当的方法**

必须从市场实际出发，根据预测目的和资料占有情况，选择有效的预测方法。有时选择一种，有时也可以几种方法结合起来，相互验证预测的结果，以提高预测的准确性。

**4. 进行预测**

根据已经选定的预测方法，利用所掌握的资料，就可以具体的计算、研究，做出定性或定量分析，推测判断未来市场的发展方向和发展趋势。

**5. 分析预测误差**

预测误差是预测值和实际值之间的差额。预测误差的大小，反映预测的准确程度。我们应该对预测的不精确度持灵活态度，而不要力图改进预测方法。

**6. 确定预测值，提出正式预测报告**

预测人员在实施预测，并对预测结果进行必要的评价、修正后确定预测值，并以书面形式反映预测结果，然后递交给有关部门，供其决策时参考。

## 6.8 预测市场容量的方法

市场预测的方法很多，随着科学技术的进步，预测手段日趋先进，在市场营销活动中，市场潜量和销售量是两项最为重要的预测内容。

**1. 市场潜量预测**

（1）连锁比率法。就是对与某产品的市场潜量相关的几个因素进行连锁相乘，即通过对几个相关因素的综合考虑，进行预测。

（2）购买力指数法。购买力指数就是对家庭收入、家庭户数、地区零售额等加权平均后，得出的一个标准系数。购买力指数是一个相对数，只有用全部潜在需求量乘以购买力指数，才能得到某地区的潜在需求量。

（3）类比法。也叫比较类推法，包括历史类推和横断比较两种预测方法。历史类推是一种用当前的情况和历史上发生过的类似情况进行比较来推测市场行情的方法。横断比较就是对同一时期内某国或某地区某项产品的市场情况与其他国家或地区的情况相比较，然后测量这些国家或地区的市场潜量。

**2. 销售预测**

（1）销售人员意见综合法。这是一个最为简单的预测方法，它要求各销售区域的销售人员，做出每个销售区域的销售预测，然后进行汇总，求出总的销售潜量。

（2）购买者意图调查法。这一方法就是采用各种手段，直接向购买者了解其购买意图。如果购买者有清晰的意图，而且愿意付诸实施，这一方法是非常有效的。

（3）行业调查法。行业调查是指对某特定行业内各家公司的调查。这类调查可能是针对用户，也可能是制造商。

（4）专家意见法。这种方法是由专门人员，特别是那些比较熟悉业务，能预见业务趋势的主管人员，集思广益，进行判断，做出预测，这是一个快速而简便的方法。为了提高预测的准确性，可以在预测前向专家提供经济形式和业务情况的资料，并组织他们讨论，然后将各种意见进行综合考虑，最后做出结论。

（5）趋势预测法。该方法是将历史资料和数据，按时间先后次序排列，根据其发展的规律，来推测未来市场的发展方向和变动程度。

（6）移动平均法。它是趋势预测法的一个基本方法。就是从时间序列的第一个数值开始，按一定项数求序列平均数，逐项移动，边移动边平均。

（7）指数平滑法。它是对过去的资料用平滑系数进行预测的一种方法。它允许预测人员对最近期的观察值给予最大的权数，对较远的观察值递减加权数，而不是给所有的数据以同等的重要性。

（8）回归预测法。就是测定因变量与自变量之间的相关关系，建立表达两种关系的数学模型，通过模型取得预测值。

市场预测有助于企业管理者制定正确的营销决策，有助于企业掌握新技术、开发新产品、增强企业的竞争能力，同时市场容量的测定也是企业制定科学计划的重要依据。但是，因为预测的结果直接关系到企业的营销决策，所以企业必须慎重对待。

## 6.9 市场营销战略的制定

企业在明确自己的市场地位之后，就必须针对企业自身的目标、资源等来制定切实有效的市场营销战略，目的在于获得有利的市场竞争地位。

**1. 市场领导者的营销战略**

市场领导者为了保持自己在市场上的领先地位，一般采取扩大需求量、保护市场占有率和提高市场占有率三种策略。

（1）扩大需求总量

当一种产品的市场需求量扩大时，收益最大的还是占有市场份额最大的企业。一般来说，企业可以从三个方面来扩大市场的需求量：

①发现产品的新用户。

②开辟产品的新用途。

③增加产品的使用量。

（2）维持市场占有率

企业在努力开拓市场的同时，必须时刻防备竞争对手对现有市场的争夺，企业通常可以采取以下三种手段来维持其市场占有率：

①创新发展策略。企业通过创新活动来保持在该行业的领先地位。

②阵地防御。企业采取各种手段，如推出不同型号、不同档次的产品满足市场的需要，不给对手留下可乘之机。

③直接反击。当市场领导者的地位受到威胁时，企业可以运用促销战、价格战等手段发起进攻报复，目的在于维护企业自身利益，维持领导地位。

（3）提高市场占有率

维持领导地位可以通过进一步提高市场占有率来实现，提高市场占有率也是增加收益的一种途径。但是企业在提高市场占有率时必须慎重考虑，不能盲目地追求高市场占有率，因为企业要为此而付出代价，若代价太高，就会导致企业利润的下降。

**2. 市场挑战者的营销战略**

市场挑战者由于居于市场的次要地位，所以它必须采取有效的手段来改变现状。一般而言，挑战者首先必须确定战略目标和竞争对手，然后选择进攻策略。

（1）确定战略目标和竞争对手

战略目标同竞争对手密切相关，对不同的对象应采取不同的目标和战略。企业可以从下面三种情况中进行选择。

① 进攻市场领先者。这种进攻风险大，但潜在的效益也很大。此时，挑战者一定要把握时机，抓住领先者的弱点，出奇制胜。

② 进攻与自己实力相当的企业。此时可以选择经营不善发生亏损的企业。

③ 进攻地方性小企业。企业采取兼并、接管乃至消灭小企业的方式来占领其市场。

（2）选择进攻战略

在确定了战略目标和竞争对手之后，挑战者还必须选择采取什么进攻战略，这里有五种战略可供选择：正面进攻、侧翼进攻、包围进攻、迂回进攻和游击进攻。企业应根据自身情况选择其中一种或几种作为自己的进攻战略。

**3. 市场跟随者的营销战略**

追随者与挑战者不同，它是自觉地与领先者维持共存局面。因此追随者必须选择一条不至于引起领先者竞争性的发展道路。追随者战略一般有如下三种：

（1）紧密跟随。采用此战略的追随者必须尽量地仿效市场领先者，但要注意避免发生正面冲突。

（2）保持距离跟随。此类追随者在主要方面追随领先者，而又要有所创新。

（3）有选择跟随。这类跟随者在某些方面是跟随领先者，但又不盲目追随，而是有选择的追随，它们有可能成为挑战者。

**4. 市场补缺者的营销战略**

市场补缺者决定了他必须看准市场，及时出手。其在营销过程中主要有以下两种策略。

（1）补缺基点。一个企业通常选择两个或两个以上的补缺基点，以确保企业的生存和发展。

（2）专业化。企业补缺基点的主要战略是专业化。具体来说，就是在市场、顾客、产品或渠道等方面实行专业化。

认清市场地位并确定营销战略是企业为了自身的生存和发展，以便在竞争中保持和发展其实力而确定的企业目标和达到此目标所要采取的各种策略的有机结合。企业在制订营销计划时要综合考虑到企业的形象、声誉以及市场机会和威胁，从而确保企业在残酷的市场竞争中获得有利的竞争地位。

## 6.10  市场调查项目分类表

公司名称：　　　　　　　　　　　　　　　　　　　___年___月___日

| 调查项目 | 调查方式 | 调查成本 | 调查人员 | 调查区域 | 调查期限 | 调查目标 | 备注 |
|---|---|---|---|---|---|---|---|
| 市场需求量 | | | | | | | |
| 市场占有率 | | | | | | | |
| 市场可行性 | | | | | | | |
| 批发市场需求 | | | | | | | |
| 零售市场需求 | | | | | | | |
| 同业产品价格 | | | | | | | |
| 同业产品市场 | | | | | | | |
| 客户趋向 | | | | | | | |
| 消费者心理 | | | | | | | |
| 产品形象 | | | | | | | |
| 产品质量 | | | | | | | |
| 客户反馈信息 | | | | | | | |
| 客户分布 | | | | | | | |

董事长：　　　　总经理：　　　　经理：　　　　　　　负责人：

## 6.11 市场容量调查预测表

调查单位：　　　　　　　　　　　　　　___年___月___日

| 商品名称 | 销售业绩 ||| 本年预测 | 备 注 |
|---|---|---|---|---|---|
| | 　年 | 　年 | 　年 | | |
| 甲 | | | | | |
| 乙 | | | | | |
| 丙 | | | | | |
| 丁 | | | | | |
| 戊 | | | | | |
| 己 | | | | | |
| 庚 | | | | | |
| 辛 | | | | | |

市场景气动向

竞争对手情况

本公司销售政策重点

## 6.12 市场调查计划表

| | |
|---|---|
| 调查目标 | |
| 考虑因素 | |
| 方法设计 | |
| 预定进度 | |
| 使用人力 | |
| 预算 | |

## 6.13 产品市场性分析表

| 产品名称 | 推出日期 | 销售量 | 获利率 | 市场占有率 | 价格 | 品质 | 外观 | 竞争产品 | 竞争产品差异性 | 产品改良状况 | 其他 |
|---|---|---|---|---|---|---|---|---|---|---|---|
| | | | | | | | | | | | |
| | | | | | | | | | | | |
| | | | | | | | | | | | |
| | | | | | | | | | | | |
| | | | | | | | | | | | |
| | | | | | | | | | | | |
| | | | | | | | | | | | |
| | | | | | | | | | | | |
| | | | | | | | | | | | |
| | | | | | | | | | | | |

## 6.14 市场月份状况调查表

部门：　　　　　　自____年____月____日起至____年____月____日止

| 市场不同种产品品质、价格和服务范围的分析 | | 客户对本公司产品品质、价格及服务范围的批评及希望综论 | |
|---|---|---|---|
| 同业的销售政策情形及分析 | | 本公司对同业的销售政策应采取的政策及意见 | |
| 本公司本月份推销及巡回服务的情况 | （1）推销：<br><br>（2）巡回服务： | | |
| 其他有必要报告的事项 | | | |

批示：　　　　　　单位主管：　　　　　　报告人：

## 6.15 市场开拓调查表

| 市场调查 | 市场总规模 | → | □市场入口 |
|---|---|---|---|
| | 客户分析 | → | □年龄　　□层面 |
| | 将来情况 | → | □消费者意识变化 |

| 业界现状调查 | 竞争状况 | → | □竞争方式　□价格 |
|---|---|---|---|
| | 服务内容 | → | □服务制度　□商品内容 |
| | 设备、设施 | → | □设备　　□设施 |
| | 营运制度 | → | □营运　　□流通 |
| | 先发企业之经营状况 | → | □资金　　□活动内容<br>□销售状况 |

| 事业发展的可能性调查 | 职员的培育 | → | |
|---|---|---|---|
| | 提升可能性 | → | |
| | 销售额估算 | → | |
| | 经费预算 | → | |
| | 收支估算 | → | |

## 6.16 产品市场占有率预测表

              ___年___月___日

| 产品品种 | 需求预测 ||||  ___年 |||
| --- | --- | --- | --- | --- | --- | --- | --- |
| ^ | 总需要量 | 海外竞争企业动向 | 国内竞争企业动向 | 占有率 | 月平均需要量 | 占有率比较 |||
| ^ | ^ | ^ | ^ | ^ | ^ | 本公司 | 他公司 | 海外 |
|  | %增减 |  |  |  |  |  |  |  |
|  | %增减 |  |  |  |  |  |  |  |
|  | %增减 |  |  |  |  |  |  |  |
|  | %增减 |  |  |  |  |  |  |  |
|  | %增减 |  |  |  |  |  |  |  |
|  | %增减 |  |  |  |  |  |  |  |
|  | %增减 |  |  |  |  |  |  |  |
|  | %增减 |  |  |  |  |  |  |  |

制表：

## 6.17 市场总占有率预测表

_____年_____月_____日

| 商品种类 | 地区 | ____年 总需要量 | 本公司销售量 | 占有率 | ____年 总需要量 | 本公司销售量 | 占有率 | ____年 总需要量 | 本公司销售量 | 占有率 |
|---|---|---|---|---|---|---|---|---|---|---|
| A |  |  |  |  |  |  |  |  |  |  |
|  |  |  |  |  |  |  |  |  |  |  |
|  |  |  |  |  |  |  |  |  |  |  |
|  |  |  |  |  |  |  |  |  |  |  |
|  | 总 计 |  |  |  |  |  |  |  |  |  |
| B |  |  |  |  |  |  |  |  |  |  |
|  |  |  |  |  |  |  |  |  |  |  |
|  |  |  |  |  |  |  |  |  |  |  |
|  | 总 计 |  |  |  |  |  |  |  |  |  |
| C |  |  |  |  |  |  |  |  |  |  |
|  |  |  |  |  |  |  |  |  |  |  |
|  |  |  |  |  |  |  |  |  |  |  |
|  | 总 计 |  |  |  |  |  |  |  |  |  |

## 6.18 同业产品市场价格调查表

　　　　　　　　　　　　　　　　　　___年___月___日

| 品　名 | 规格 | 品牌 | 单价 | 价格来源根据<br>（发票或经办人） | 对价格的分析 |
|--------|------|------|------|--------------------------------|--------------|
|        |      |      |      |                                |              |
|        |      |      |      |                                |              |
|        |      |      |      |                                |              |
|        |      |      |      |                                |              |
|        |      |      |      |                                |              |
|        |      |      |      |                                |              |
|        |      |      |      |                                |              |
|        |      |      |      |                                |              |
|        |      |      |      |                                |              |
|        |      |      |      |                                |              |
|        |      |      |      |                                |              |
|        |      |      |      |                                |              |
| 说明   |      |      |      |                                |              |

营业主管：　　　　　　　　　　　　　　　　　　　　　　　　　　　制表：

## 6.19 对竞争对手调查要点

1. 从经营者的动向来把握情报

（1）虽然是没有什么变化的事情，如果仔细做分析的话，将会有一些深入发现，至于能否发觉问题就要看业务员的水平了。

（2）对经营者的评价往往是信用调查中最困难的一环。

（3）对经营者进行评价时应和本人保持密切的接触，而依此来做判断虽然是原则性的，但如果不可能做到或者在有困难的情况下，应结合几个已知的要素来做推测。

（4）如果将经营者评价做区分的话，可将其大致分为经验、能力、性格三点。如果能做到不偏向任何一方，而取其平均的话，就可称其为优秀的经营者了。

（5）"经验"并不只意味着经历。虽然说其有10年的事业经历，但是过去在事业上有没有失败过，或者在经历上有不凡的风格和实绩，这些都是非常重要的评估资料。

（6）"能力"有着许许多多的要素，行销能力、计数能力、劳务能力、管理能力、金融能力等是主要的，这些可从日常的营业活动中得知。

（7）经营者的"性格"，是可以从业务员的身上反映出来的。从业务员的言语、作为、动作中就可判断其经营者是否为一个不平凡的人物。

2. 从营业状态中找出情报

（1）所谓营业状态，并不是指和本公司的交易额的多少，而是指客户将售货款提高而所得利益是否顺利地上升。

（2）营业状态是把握经营实际状况的第一步，这是很容易从外观上抓住的，唯独业务员的判断是重要的。

（3）判断营业状态的基准，大致可区分为：

- 营业情况
- 与交易往来户的关系
- 裁决条件、支付情况
- 与交易往来银行的关系和评价
- 业绩现况等

（4）"营业情况"因范围广大，所以要将其重点抓住。不但不可轻视本身的感觉，同时绝对禁止只从外观上来做判断。广泛地接触同行业和交易往来户，再加上交易往来银行的评价，来做最终判断。

（5）从"交易往来户关系的好坏"就可以看得出其公司在将来极为重要的进货处的质量上、信用上是否有问题，而没有实力者是不行的。贩卖处也不只是贩卖处，连和它有交易来往的地方的好坏也要调查清楚。

（6）"裁决条件、支付情况"即可知其经营恶化的前兆。应注意其原因和理由及观察其经营情况，这是非常重要的。

（7）"与交易往来银行的关系和评价"虽然在调查上是相当困难的，却可以知道许多事情真相。

（8）"业绩、现况"从头到尾所说的就是这点。业务员的客户管理原则就在这里，如果做不到，那就不算是个合格的业务员。

3. 从会计方面找出情报

（1）要从会计方面来抓住情报的话，大前提就是要能拿到损益表。

（2）将自己的经营实绩展示给别人看并非是不好的事。业务员必须能有这种功夫。

（3）在此之前，交易开始时即应确实将损益期中的损益表的交付明确订立规则。所有的成员，都应据此来执行。

（4）如果不能拿到损益表，也可从许多情报中来做推测，情报的组合建立是业务员和管理者本身的事情。

（5）连续三至四期赔钱的企业是相当危险的。除了一些大企业或者优良企业，否则连续地赔钱，在金钱上当然没有理由能支持。

（6）如果支付期间是长期性的话，必须要有周密的检查追踪。本着公司的立场，以缩短其支付期间为原则。

（7）在平常，就要做到严格地检查计算错误，而且要确实遵守已约定的支付条件。

（8）以损益表为基准，财务比率分析和损益表的分析是业务员必须具有的基础知识。

（9）对损益表亦不可囫囵吞枣。

4. 分析资产状态，从中得出情报

（1）从借贷报表中可得知资产有流动资产和固定资产，固定资产更分为有形固定资产、无形固定资产、投资等。

（2）如果能拿到财务报表的话，就可以从数字上来作判断。

（3）一般对于流动资产的把握是很困难的。但是以裁决条件（例如现金的入账、支票付款很短等）都可看出是不是好的往来对象。

（4）从外表唯一可以衡量的事物就是商品的库存量。不但要看实际的库存量，还要检查其入货、出货的情况。

（5）固定资产在此指的大部分是事业用（并非贩卖用的）的土地和建筑物，在所辖的登记所里可取得其不动产登记簿誊本。

（6）能知道其固定资产的价值额也是很重要的事情。

（7）在借钱的时候，不论是个人或者法人，在常识上一定有其担保的抵押品。如果分析其登记簿就可发现相当不可思议的事情，像企业的资金操作的状况，都可以分析出来而作判断。

（8）不要觉得一点点的费用和劳力是可惜的，要有那种对全部交易往来户做调查的态度才行。

## 6.20　竞争产品调查表

| 制表人 | | 编号 | |
|---|---|---|---|

| 销售地区 | 品牌 | 型号 | 价格 | 性能 | 情报来源 | 备注 |
|---|---|---|---|---|---|---|
| | | | | | | |
| | | | | | | |
| | | | | | | |
| | | | | | | |

| 审核 | 主任 | | 经理 | | 副经理 | | 制表 | 日期 |
|---|---|---|---|---|---|---|---|---|
| | | | | | | | | |

## 6.21 竞争商店比较表

| 店别<br>比较项目 | 本店 | A商店 | B商店 | 对策 |
| --- | --- | --- | --- | --- |
| 自身条件 | | | | |
| 经营范围 | | | | |
| 店铺形象 | | | | |
| 营业方针 | | | | |
| 商场面积 | | | | |
| 商品构成 | | | | |
| 主要进货品牌 | | | | |
| 每月营业额 | | | | |
| 营业人数 | | | | |
| 平均每位店员营业额 | | | | |
| 店员人数 | | | | |
| 来店人数 | | | | |
| 举办促销活动情况 | | | | |

## 6.22 竞争品牌价格调查表

| 调查地点 | | 地 址 | |
|---|---|---|---|
| 品名（含进口商） | | 本公司类似品名 | |
| 规 格 | | 包装样式 | |
| 零 售 价 | | 陈列数量 | |
| 陈列位置优劣： □优　　□中等　　□劣 ||||
| 备 注 | |||

## 6.23 竞争同业动向一览表

| 竞争同业名称 | 主要商品 | 新商品 | 重点顾客名 | 新开发动向 | 投入营业后新产品比例 | 促　销 | 其　他 |
|---|---|---|---|---|---|---|---|
|  |  |  |  |  |  |  |  |
|  |  |  |  |  |  |  |  |
|  |  |  |  |  |  |  |  |
|  |  |  |  |  |  |  |  |

## 6.24 竞争厂商调查表

| 地区 | | 调查员 | | 调查日期 | 年　月　日 |
|---|---|---|---|---|---|
| 竞争厂商名称 | | | | | |
| 公司地址 | | | | | |
| 工厂地址 | | | | | |
| 业务人员姓名 | | | | | |
| 学历、年龄 | | | | | |
| 服务时间 | | | | | |
| 业务员的口才 | | | | | |
| 行销能力 | | | | | |
| 业务员给客户的印象 | | | | | |
| 业务的方针及做法 | | | | | |
| 待遇 | | | | | |
| 销售的对象 | | | | | |
| 代理商名称 | | | | | |
| 产品的种类（特殊规格） | | | | | |
| 产品的性能 | | | | | |
| 产品的品质 | | | | | |
| 产品的价格 | | | | | |
| 市场占有率 | | | | | |
| 其他特别的人、事、地、物、时 | | | | | |

## 6.25 销售方式可行性调查表

产品名称：_____　　　　　　　　　　____年____月____日

| 调查分类 | | 销售方式及其所占比率以及印象评价 ||||||||||||
|---|---|---|---|---|---|---|---|---|---|---|---|---|---|
| | | 方式1 | 销售比例 | 印象定位 | 方式2 | 销售比例 | 印象定位 | 方式3 | 销售比例 | 印象定位 | 方式4 | 销售比例 | 印象定位 |
| 对象 | 老年 | | | | | | | | | | | | |
| | 中年 | | | | | | | | | | | | |
| | 青年 | | | | | | | | | | | | |
| 区域 | 城市街道 | | | | | | | | | | | | |
| | 城市社会 | | | | | | | | | | | | |
| | 乡村集镇 | | | | | | | | | | | | |
| | 乡村田野 | | | | | | | | | | | | |
| 时间 | 春 | | | | | | | | | | | | |
| | 夏 | | | | | | | | | | | | |
| | 秋 | | | | | | | | | | | | |
| | 冬 | | | | | | | | | | | | |
| 调查结果分析： |||||||||||||||
| 销售方式决策： |||||||||||||||

董事长：　　　　　总经理：　　　　　经理：　　　　　负责人：

## 6.26 产品占有率预测比较表

| 年度 | 月份 | 产品甲 金额 | %（市场占有率） | 产品乙 金额 | % | 产品丙 金额 | % | 产品丁 金额 | % |
|---|---|---|---|---|---|---|---|---|---|
| | 一 | | | | | | | | |
| | 二 | | | | | | | | |
| | 三 | | | | | | | | |
| | 四 | | | | | | | | |
| | 五 | | | | | | | | |
| | 六 | | | | | | | | |
| | 七 | | | | | | | | |
| | 八 | | | | | | | | |
| | 九 | | | | | | | | |
| | 十 | | | | | | | | |
| | 十一 | | | | | | | | |
| | 十二 | | | | | | | | |
| | 合 计 | | | | | | | | |
| | 一 | | | | | | | | |
| | 二 | | | | | | | | |
| | 三 | | | | | | | | |
| | 四 | | | | | | | | |
| | 五 | | | | | | | | |
| | 六 | | | | | | | | |
| | 七 | | | | | | | | |
| | 八 | | | | | | | | |
| | 九 | | | | | | | | |
| | 十 | | | | | | | | |
| | 十一 | | | | | | | | |
| | 十二 | | | | | | | | |
| | 合 计 | | | | | | | | |

## 6.27 新产品开拓调查分析表

| 调查目的 |
|---|
| 预定加入行业的现状 |

↓

| 预定加入行业的市场动向 |
|---|
|  |

↓ ↓ ↓

| 市场规模分析 | 将来市场竞争的分析 | 自身设备、营运的分析 |
|---|---|---|

↓ ↓ ↓

| 扩大再生产的可能性分析 |
|---|
|  |

↓

| 调查报告的概要 |
|---|
|  |

# 第 7 章

# 销售客户调查

## 7.1 销售客户调查制度

1. 为了使本公司及时掌握客户信息和市场动态，有效地开展广告宣传工作，收集和整理计划制订所需要的各种材料，展开有效而适宜的客户调查，规范客户调查业务的内容和方法，特制定本制度。

2. 主管。本公司客户调查由广告宣传部市场调查室主管，有关部门应予以通力合作。

3. 决策。由市场调查室制订客户调查实施方案，上报广告宣传部计划委员会决定。

4. 调查方法。客户调查方法根据具体情况和具体计划确定，原则上采用常规方法。

5. 报告书。客户调查报告书不得擅自向其他公司公开和透露。客户调查报告书由市场调查室起草或撰写，其具体内容如下：调查目的；调查方法；调查对象或调查对象分组情况；调查规模；调查项目；面试调查；抽样调查；调查用表；其他与调查有关的情况与结果。

6. 报告书附件。由市场调查室撰写或编辑附件，附件内容不限。一式若干份，分送各分部门或分公司，作为研究资料。

7. 消费者调查。对消费者的调查主要包括：
（1）消费者地域、人口分布；
（2）消费者受教育程度；
（3）消费者购买力状况（收入阶层情况）；
（4）消费者价值倾向调查。

8. 大宗消费者调查。对大宗消费者或客户进行以下项目调查：
（1）对公司、厂家以及其他企业单位进行调查；
（2）对政府部门、社会团体等事业单位进行调查。

9. 批发部调查。对批发部进行如下调查：
（1）批发部门的地理位置调查；
（2）批发部门经营方针和政策调查；
（3）批发部门经营状况和经营条件调查；
（4）批发部门的市场占有率或覆盖率调查；

（5）批发部门的财务方针、习惯和信誉调查。

10. 客户舆论调查。为了弄清楚客户的舆论倾向，需要对下列项目进行调查：

（1）对公司经营的评价；

（2）测评公司的公关工作的效果；

（3）对公司商品销售地域的舆论进行调查。

11. 市场动态分析。对市场动态分析的内容是：

（1）一年以上的长期分析（预测）；

（2）一年以下的短期分析（预测）；

（3）其他必要的财政、金融和贸易市场趋势分析（预测）。

12. 批发市场调查。对批发市场的调查范围如下：

（1）进货（供货）关系：

- 年供货量、供货额增长率
- 各供货企业、供货地区的供货量比例
- 各供货企业、供货地区的供货额比例

（2）支付方式：

包括预付、现付和其他支付方式的比例；现金支付的比例。

- 批发商的进货期、进货间隔期、间隔期的长短
- 批发商与供货企业的关系，有无特殊关系，关系如何

（3）销货（批发）关系：

- 各购货商业机构货额比例
- 各购货商业机构、购货地区的货量比例
- 年购货量、购货额增长率
- 年购货回收方式，货款回收周期长短
- 利润率变动情况
- 购货方式以及各种购货方式（如上门订货、通讯订货和现货交易等）的比例
- 呆账比率增长率
- 通货比率增长率
- 与购货商业机构的关系，有无特殊关系，关系如何

（4）经营状况：

- 广告宣传的方法
- 广告宣传费占销售收入的比率以及比率的增减情况

- 商品周转率或商品周转速度
- 营业开支情况
- 月平均库存情况，包括库存增减趋势、各商品库存增减趋势

13. 一般消费者调查。一般消费者调查的内容包括：

（1）消费者的实际情况，包括职业、年龄构成、收入等；

（2）消费者的态度、价值观、意识以及舆论倾向；

（3）购买动机和购买方式；

（4）对广告宣传的态度，包括对各种广告宣传媒介，如电视、广播、报纸、杂志的态度。

14. 通过零售商调查。通过零售商可以了解下列消费情况：

（1）在该地区、该商店的销售量；

（2）对本公司的质量、价格如何评价与希望；

（3）有关该地区消费者需求倾向，以及广告宣传的问题和消费问题。

15. 零售店调查。对零售店需就下列问题进行调查：

（1）与批发商的关系，包括从哪家批发商购进商品，与批发商的地理联系如何，对方是否负责运送；

（2）零售店所处的地域是住宅用地还是商业用地或者是工业用地；

（3）与生产厂家的直接联系如何，生产厂家提供何种便利，成立何种机构从事这项工作；

（4）零售店的规模大小，是新店还是老店，销售收入是多少，商品周转率和利润水平是否稳定；

（5）在店面的宣传上，包括特价销售、有奖销售和宣传品等，存在什么问题、舆论评价如何；

（6）零售店的有奖销售规模有多大、奖酬有多高、有多少人关注。

16. 调查员的教育培训。在实施调查以前，必须根据调查目的和调查内容，组织对调查员的教育与培训。

17. 调查结果分析。在对调查结果进行分析时，应注意下列问题：

（1）避免做出主观的判断，必须实事求是，以事实为依据；

（2）必须反复验证判断的正确性；

（3）必须注意有无例外的情况，对可能存在的主要例外事件做出分析，避免判断失误；

（4）检查调查结果与事先假设是否一致；

（5）调查结果，包括调查资料，是否能对现实做出合理的解释，与事实是否相符；

（6）不得以偏概全，随意推断，各结论都必须有可靠的事实支持。

18. 客户调查计划。客户调查计划的内容如下：

（1）调查问题的准备；

（2）调查用表的分类与形式确定；

（3）调查项目的确定；

（4）调查方法的选择，包括面试、访问或邮寄调查；

（5）调查对象与调查样本确定。

19. 客户调查实施程度。客户调查实施程度包括以下要点：

（1）客户调查由广告宣传部主管负责，由市场调查室实施。

（2）年度调查方针，由市场调查室起草、董事会讨论、总裁决策。

（3）如果经营部和制造部需要对市场进行调查，必须向广告宣传部提出方案，方案一式两份。

①调查方案正本经市场调查室主任，转交广告宣传部主管；副本直接提交调查室主任。

②调查方案每六个月为一期，即每年的 2 月和 8 月末，向市场调查室提交。在特殊情况下，可根据情况，临时向市场调查室提交。

③调查方案副本，在市场调查室的调查计划草案被批准之后，返回经营部，以备联系、协调之用。

（4）客户调查以年度调查方针为基础，把各项调查工作，包括经营部的调查方案进行整理，分清轻重缓急，制订公司半年客户调查计划草案，上报广告宣传部主管。

（5）广告宣传部主管根据年度经营方针，对半年客户调查计划草案进行检查或修改，如有必要可以召开有关会议进行讨论，完善调查计划草案，再上报董事会。一旦总裁批准计划草案，由市场调查室全权负责市场调查工作。

（6）市场调查室主任可根据具体实施程序和计划方案，决定具体的调查计划和调查方法，推进市场调查。

（7）市场调查室可按以下程序，对客户调查结果进行分析与整理：

①对调查资料、调查结果或调查用表进行整理和初步分析，然后汇总或编辑

成册；

②对所收集的调查资料进行分类、分项目分析研究，并结合原始记录或历史资料，进行对比研究；

③对所收集的调查结果或调查资料的真伪、可靠性和误差进行计算和分析。

（8）市场调查室在征得广告宣传部认可的前提下，撰写调查报告书。调查报告一式多份，分送各部门，包括制造、销售、总务以及广告宣传部主管指定分送的部门负责人。

（9）在必要的情况下，召开调查报告发布会。发布会出席人员为总裁、总裁助理、广告宣传部主管、研究开发部主管、经营销售部各级负责人、制造部各级负责人、总务部主管。发布会由广告宣传部主管主持并作报告，倾听各方意见。

20. 本制度自上级领导正式批准时实施，本制度的修改和解释权归公司主管领导。

## 7.2 销售客户调查办法

**目的**

为完善本公司的调查管理工作，准确、及时地把握市场动态和了解客户需要，特制定本管理办法。

**客户调查的范围**

客户调查应包括（但不完全是）以下几个方面的内容：

1. 客户的个人基本情况；

2. 客户的家庭人口情况；

3. 客户的收入、支出、储蓄以及家庭财产情况；

4. 客户的住房情况；

5. 客户的消费嗜好。

**负责部门**

由公司营销部门负责客户调查业务和管理工作。

**营销部门的职责**

1. 制定公司客户调查总体规划、年度计划和费用预算，在公司批准后组织实施；

2. 制定公司客户调查的详细工作规程和细则，并监督各部门和人员按程序作业；

3. 具体负责单位客户调查项目全过程的组织和实施，并提出调研报告供公司领导和有关部门决策参考；

4. 筛选合格的专业调研机构，负责保持正常联络，对委托的调查项目进行协调、督促、验收、评价；

5. 根据具体情况决定是否设立下属专业调查机构、市场调查主管、专兼职市场调查人员；

6. 筛选合格的调查人员，并对其业务进行培训、指导，对工作业绩进行考核；

7. 采取各种措施，尤其要在各个质量控制点进行监探，确保调查结果的质量和可信度；

8. 接受公司各部门的客户与市场信息咨询，或主动提供定期的信息服务；

9. 对相关客户资料进行收集、整理、归类建档，确定客户资料的密级，并妥善保管；

10. 创造条件，推行调查工作和数据处理的电脑化。

**客户调查的原则**

为确保为公司生产、经营、销售决策提供正确依据，客户调查应遵循以下几个原则：

1. 资料准确；

2. 观点客观；

3. 时效性强；

4. 信息全面完备；

5. 投入费用最省。

**客户调查工作的一般程序**

1. 设定此次调查的具体目标；

2. 拟定调查方案和工作计划并经主管审查批准；

3. 开展文字资料和实地调查活动；

4. 资料审核、订立、分类汇总、加工整理；

5. 依据一定统计方法，进行技术分析、数据处理；

6. 撰写和提交市场调查报告；

7. 调查效果的追踪及总结；

8. 根据每次调查内容、工作量、时间紧迫度、精度要求、预算等因素，参照以上标准程序，再具体确定每次调查工作流程。

**调查人员应具备的基本素质：**

1. 品德素质：勤奋耐劳、严谨认真；平易近人、忠实笃厚；客观公正、开拓创新。

2. 业务素质：知识广博，有较强的信息搜集和鉴别能力，能较好地适应环境，有一定的语言表达和写作能力。

3. 其他素质：肯吃苦、性格外向、善交际、机敏。

**客户调查的培训工作**

1. 公司应对调查人员进行各种素质和业务作业的培训和相关规章制度的教育。

2. 根据调查人员的总体和个体情况及市场调查项目，制订有针对性的、内容和方法不同的培训计划。

3. 培训任务由人事部协助营销部门完成。

**本制度自颁布之日起实施**

# 7.3 销售客户调查步骤规定

为了规范本公司的客户调查工作，特将客户调查的步骤具体规定如下，各相关部门务必遵照执行。

**确定调查的目的与内容**

1. 确定调查的目的。调查报告或调查结果的使用者与调查结果的执行者之间，事先必须达成共识，设定调查的范围与调查预期目标以及调查报告的提交日期。

2. 确定调查的内容。明确调查的内容，辨别是对产业结构还是经济环境变化进行研究。

3. 确定调查的要点。在此过程中要充分发挥想象力，并与相关人员进行讨论，形成相应的调查思路与框架。

**拟定市场调查计划**

1. 详细列出各项调查目标，并排列出优先顺序。

2. 详细列出各种可能的资料及其来源。

3. 详细列出各类调查人员及所需知识、经验与能力，并制订相应的培训计划。

4. 详细列出调查费用开支与成本控制计划。

**收集资料**

1. 对各种资料的来源进行分析。

2. 收集资料，逐步由浅入深、由少到多、由一般性资料到专题性资料。

3. 注意资料之间的相互关系，捕捉有价值的资料。

**整理资料**

1. 去掉不必要的资料，舍弃不可靠的资料。

2. 对有价值的资料进行评价，必要时做出摘要，同时检查资料中存在的错误，找出资料的出处或原始资料。

3. 将有效的资料整理成统一的形式，供进一步分析之用。

**分析资料**

1. 对资料做出综合分析，对各种资料所反映的"本质"与"现象"之间的内在联系做出科学的解释。

2. 对各资料之间的矛盾或冲突做出合理的解释。

3. 对资料进行逻辑性推理或归纳，从而对资料进行重组与调整。

4. 得出一系列合乎逻辑、合乎现实的结论。

5. 运用有关图表，再现结论和观点以及资料体系与结构。

**撰写调查报告**

1. 按照结论的缓急轻重，分章节撰写调查报告提纲。

2. 报告内容力求简明扼要，切忌文不对题以及不必要的修饰词汇。

3. 认真核查所有数字与统计资料，务求准确。

4. 注意结论是否公正客观、是否前后一致、是否存在疏漏，论据是否充足，重点是否突出，语言是否准确，等等。

**调查报告书写格式**

1. 调查题目。包括调查报告题目、报告日期、报告撰写人。

2. 调查目的。包括调查动机、调查要点、调查所要解决的问题、报告所委托的部门。

3. 调查结论。包括对调查问题做出解答，调查涉及的重大问题、重大发现及其建议。

4. 调查附录。包括资料来源，详细列举调查说明资料与文献所使用的统计分析方法。

**附则**

本规定自颁布之日起实施。

## 7.4 销售客户调查操作规程

**目的**

为保证我公司客户调查工作的顺利实施，规范客户调查操作，特制定此规程。

**客户调查的主要工作**

1. 确定调查时间、目的、对象、方法等；
2. 对具体的调查策略进行检查分析；
3. 需要完成收集资料的工作；
4. 对所收集的资料进行整理；
5. 撰写并形成报告书。

**具体调查业务**

1. 接近

- 给人良好的第一印象
- 要充分尊重回答问题者
- 提前设计初次见面的问候
- 调查时应随机应变

2. 提问

- 所提的问题应尽量简洁明了
- 提问时要平易自然
- 不得采取审问式的发问方式
- 使对方在不知不觉之中进入调查的主题
- 不对问题的内容进行说明，不问与主题无关的问题
- 按照问题书的问题顺序发问，且应全部问完
- 如使用卡片进行提问，时间应控制在 10 分钟左右，为使对方能顺利书写，

在其书写时不可凝视

3. 记录

（1）应向对方说明调查记录是绝对保密的，以取得对方的信任，得到较真实的数据；

（2）对方如果不反对记录时，则可以将问题书取出记录，并向其明确地表示要将回答忠实记录；

（3）对方如果反对记录时，就应放弃记录，只将其谈话内容记住，待其离去后再做记录；

（4）迅速确实地记录谈话内容，避免漏掉记录；

（5）对于对方的个人资料要做到严守秘密。

**调查监督员和调查员**

1. 调查监督员和调查员应召开协作会议，充分协调相关工作，并对各项调查一致行动

2. 调查员应具备的素质：

（1）有较强的判断力和理解力，在进行调查时，能随时做出正确的判断和理解；

（2）有丰富的常识。

3. 调查员的职责

（1）深刻理解问题内容；

（2）确定问题顺序；

（3）对要调查地区的地图、交通工具、调查对象等问题进行分析和把握；

（4）准备调查用的印刷品；

（5）在进行实际调查时，应完全脱离问题书完成提问工作；

（6）遵照调查监督员的指示，忠实地实施调查事项；

（7）要尽量避免不合格情况的发生；

（8）调查结束后，应对被调查者表示谢意；

（9）在调查结束时还应进行以下整理工作：

● 整理问卷

● 做好回答者的观察记录

● 整理调查对象表

● 撰写当日的报告书，向调查监督员报告

## 7.5 客户面试调查实施要领

**客户面试调查概要**

客户面试调查均按下列顺序进行:

1. 制订调查计划,明确调查时间、调查目的、调查对象以及相应的调查方法;
2. 确定相应的实施步骤,收集有关资料,即实施调查;
3. 整理资料,撰写报告书。

**客户面试调查实施**

由于个别调查受调查员和被调查对象观念的影响,往往会出现调查员的提问与被调查对象的回答出现差异,甚至答非所问。因此,有必要在调查开始之前,统一调查方式、调查语言和问题。

1. 调查监督员与调查员事先要充分讨论和模拟,在弄清调查目的、调查方法和调查问题的基础上统一行动。

2. 调查员:

(1) 调查员应该充分理解提问内容,决定调查提问的顺序。

(2) 在开展调查之前,充分研究和掌握调查所在地区的地理位置、交通路线以及被调查对象可以被调查的时间,以提高调查工作的效率。

(3) 准备好调查用表以及其他印刷品。

(4) 在实际调查进行过程中,切忌照调查问卷提问。应该事先充分练习,熟记问卷全部内容。

3. 上述准备工作做好后,就可以进入实际调查阶段。实际调查的方法要点如下:

(1) 接近的方法:

- 提问题时应该不卑不亢,保持绅士风度
- 注意礼仪,保持自信。特别是在最初接触的一瞬间,必须给人留下好印象,注意见面时打招呼的方式、方法和用语,力求自然得体
- 掌握随机应变的能力,在众多人之中迅速判断出哪些是富有诚意、热情和容易合作者,哪些是不容易对付或难以合作者

(2) 提问的方法:

- 万事开头难,注意提第一个问题的意义和重要性。要从第一问中迅速判断

出被调查对象的认知能力和兴趣所在。要懂得第一问与调查主题之间的内在关系，把握第一问和以后各问之间的转折，力图平稳自然地深入面试内容，并使被调查对象真诚地回答问题

- 逐步引导被调查对象紧紧扣住主题进行回答
- 不要在调查主题外的事情上浪费时间
- 不要代替被调查对象回答或解释所提问题
- 按调查问卷内容和顺序进行提问
- 在某些回答不尽如人意时，不要纠缠，要依靠自身的判断力做出合乎客观的修正，以维持良好的面试气氛

4. 在遇到被调查方喋喋不休时，不要不耐烦，更不要武断地打断对方说话，而应该机警地把问题引向与调查相关的方向。

5. 不要与对方展开某个问题的讨论。

6. 在答非所问的情况下，可根据对方的语言措辞以及所显示的态度，进行正确判断，不慌不忙地把问题引向主题。

7. 如果对方回答问题附带各种假设或条件，必须努力摘除对方擅自附加的假设条件，让对方谈出真实感受与想法。

8. 在对方回答说"不知道"时，不要草率从事，简单了之。应该懂得，通常回答"不知道"的比率在10%左右，这种回答除了表明对方缺乏必要的知识或常识外，还表明其中多有难言之处，也许这正是调查所需要的重要情报或信息。

9. 在对方说话吞吞吐吐，或者一时回答不上来时，可以暂时让对方回答下一个问题，以免谈话出现冷场或僵持。

**面试记录方法**

1. 一般人都讨厌或不希望自己的即席发言被他人记录下来。诵常一做记录，谈话就变得拘谨。因此，在必须做记录的情况下，应该充分强调并告诉对方调查的目的是什么，告诉对方严守秘密的原则，打消对方顾虑。

2. 如果对方依然紧张或拘束，就停止记录，在谈话结束后，立即凭瞬时记忆，追忆并记录面试的主要内容。为了防止遗忘，可在谈话过程中在随手可得的物品上做些自己能够识别并能帮助回忆的符号。

3. 如果对方不在意记录的话，调查员可以利用调查问卷，逐字逐句地做好记录。

4. 尽可能采用要点记录的方法，抓住对方回答中的要点和主要内容，作好

记录。

5. 调查员做好记录的必要前提是对所提问题的内容、价值和意义十分明确，并能运用尽量少的语言准确地表达出来，让对方听明白，理解所提的问题。这样，才能迅速、准确地抓住对方回答中的真实内涵，迅速予以概括，以很少的笔墨，准确记录所谈内容。

6. 避免记录失误或重要遗漏与疏忽。好的调查员应该是一位好的听众，能够迅速把握对方的谈话思路和表达特点。

7. 调查员必须尊重对方的隐私权，对性别、年龄、收入、家庭成员、文化程度、财产关系、健康状况等记录严守秘密。

8. 面试结束后，必须表示感谢，并表示对所谈内容严加保密，让对方释怀。

9. 面试结束，并不意味着调查工作结束，调查员必须在第二天及时对面试内容进行整理。

- 整理调查问卷
- 整理被调查对象名录
- 撰写成文的谈话记录
- 撰写报告书，并于面试结束之后第三日呈交调查监督员

**调查员资格**

1. 调查员必须能引起他人好感，容易取得被调查对象的信任与合作。

2. 调查员必须服从调查监督员的指示与命令，忠诚地实施调查事项，保证做到兢兢业业、尽职尽责，圆满完成调查任务。

3. 调查员应该具有涵养和忍让精神。调查不是单纯的提问，也不是与对方讨论问题，最重要的是在于倾听，能够容忍对方的傲慢、批评、议论和评头论足，并且能平心静气地引导对方在回答问题时紧扣主题。

4. 调查员应该善于同各类人打交道，能与各种人真诚相处。不要以貌取人，要懂得自己的目的是要获取正确而客观的回答。

5. 调查员应该具备正确的判断力和理解力。

6. 调查员必须具备丰富的常识，善解人意，懂得人之常情，这样才能不困、不惑，从容不迫，圆满完成面试任务。

# 7.6 客户调查资料分析制度

1. 目的

为充分发挥客户调查工作在我公司经营活动中的重要作用，科学、有效地组织统计工作，特制定本制度。

2. 统计工作的基本任务

统计工作的基本任务是对企业各种客户进行统计调查、统计分析，提供统计分析报告。

3. 统计员

（1）企业统计人员应保持相对的稳定，如统计人员发生工作变动，则必须在事前征求计划管理科的意见，并要有适合的人员接替其工作；

（2）从统计工作的需要和统计业务的繁简程度出发，配备专职或兼职统计员；

（3）如需配备兼职统计员，则由各班组按照民主管理的要求推选出。

4. 统计纪律

（1）从事统计工作的人员必须严格遵守统计制度，按规定提供统计资料，不得出现虚报、晚报、迟报和拒报的情况；

（2）对属于保密性质的统计资料，必须严格保密、确保安全，提供时应按公司保密制度的规定执行。

5. 统计工作的交接

（1）为避免因工作调动而影响统计工作的正常进行，统计人员在调动工作时必须认真办妥交接手续，且在未办妥交接手续以前，不得擅离工作岗位；

（2）统计人员工作调动时应进行的交接工作：

- 将自己所经办工作的情况全面地向接替人员交代清楚
- 所有统计资料与统计用具应列出清单移交给接替人员
- 对接替人员的业务进行培训，使其能独立工作

6. 统计资料的提供

（1）凡外部单位根据上级规定，并持有上级主管部门或统计局介绍信索取统计资料，统一由指定的人员或部门接洽提供。

（2）向外提供统计资料，公布统计数字，一律以公司统计人员所掌握的统计资料为准。

（3）应克服使用统计数字的混乱现象，由同级统计部门或统计人员负责提供上级领导需要的统计数字。

7. 统计资料的积累和保管

（1）统计资料一律由规定的综合统计员掌管；

（2）各科室、车间应将本部门所掌握的客户统计资料采用卡片或台账形式，按类别和时间进行整理分类，以便于使用；

（3）各相关部门编制的统计台账和加工整理后的统计资料，必须由本单位统计人员妥善保管，不得损坏和遗失；

（4）对确无保管价值、已经过时的统计资料，应呈报本部门主管领导核准并经规定的综合统计员会签后，方可销毁。

8. 文字说明与分析报告

（1）为使统计报表更好地为公司的决策提供依据，编制统计报表应做到：月报有文字说明，季报、年报有分析报告；

（2）文字说明必须说明统计报表中各项主要指标所反映的问题产生的原因、影响及后果；

（3）分析报告应以报表为基础，对计划完成程度进行检查，并分析计划完成与未完成原因，提出改进意见。

9. 统计资料发出后，如发现错误，必须立即订正。

10. 受表部门发现数字错误时应立即通知填报部门订正，填报部门应立即执行。

11. 企业内部报表发生数字差错时，可根据不同情况按下列办法进行订正：

（1）日报表当日发现差错时，应及时用电话或口头查询订正；隔日发现差错时，应当在当日报表上说明。

（2）重大差错必须以书面的形式订正，并填报《统计数字订正单》。各受表单位应将《统计数字订正单》贴在原报表上，并对原报表数字加以订正。

12. 本制度自颁布之日起实施。

## 7.7 销售客户资料分析要点

### 1. 建立客户资料

为了填写、保管和查阅客户资料的方便，公司对所有重要客户都建立客户资料卡。客户资料卡主要记载各客户的基础资料，这种基础资料的获取主要有以下三种形式：

（1）由营销人员进行市场调查和客户访问时整理汇总；

（2）向客户寄送客户资料表，请客户填写；

（3）委托专业调查机构进行专项调查。

**2. 客户分类**

将企业拥有的客户进行科学分类，目的在于提高销售效率，促进企业营销工作更顺利地进行。从不同的角度可将客户分为不同的类别，常用的有以下几种分类方法：

（1）客户性质分类。分类的标准有多种，主要原则是便于销售业务的展开。如按客户经营性质划分，有批发店、零售店、代理店、特约店、连锁店、专营店等；按所有权划分，有全民所有制、集体所有制、个体所有制、股份制、合资等；按客户地域划分，有商业中心店、交通枢纽店、居民区店、其他店铺等；按顾客类型划分，有高收入层、中等收入层、低收入层等。

（2）客户等级分类。企业根据实际情况，确定客户等级标准，将现有客户分为不同的等级，以便于对客户进行商品管理、销售管理和贷款回收管理。通行的客户等级分类标准有两种：一种是按客户与本公司的月平均销售额或年平均销售额分类；另一种是按客户的信用状况，将客户分为不同的信用等级。

（3）客户路序分类。为便于推销人员巡回访问、外出推销和组织发货，首先将客户划分为不同的区域，然后再将各区域内的客户按照合理原则划分出不同的路序。

**3. 客户构成分析**

利用各种客户资料，按照不同的标准将客户分类，分析其构成情况，以便从客户角度全面把握本公司的营销状况，找出不足之处，确定营销重点，采取对策提高营销效率。客户构成分析主要包括以下内容：

（1）商品构成分析。通过分析企业商品总销售量中各类商品所占比重，确定对不同客户的商品销售重点和对策。

（2）销售构成分析。根据销售额等级将客户分类，分析在公司总销售额中各类等级的客户所占比重，据此确定未来的营销重点。

（3）地区构成分析。通过分析企业总销售额中不同地区所占的比重，发现问题、提出对策、解决问题。

4. 客户分析方法

客户分析的方法主要有以下几种：

（1）客户构成分析方法。

①不同业种客户分析步骤：

第一步，对自己负责的客户进行区分。

第二步，小计各分类的销售额。

第三步，合计各分类的销售额。

第四步，以各分类的小计额除以合计额，得出各分类所占比重。

第五步，以公司的经营方针为基础，把握和比较自己所负责客户的构成。

②具体业种的客户构成分析步骤：

第一步，将自己负责的客户进行下列区分：地区性零配件销售商；地区性用品商；电气店；专营店；DIY 店；批量销售店；其他。

第二步，在各分类中，将客户按销售额高低排序。

第三步，计算出各客户在该分类中占分类销售额的比重，并计算出该分类的累计销售额。

第四步，将客户分为三类：A 类占累计销售额的 75% 左右，B 类占 20% 左右，C 类占 5% 左右。

③客户与本公司交易业绩分析步骤：

第一步，首先掌握客户月交易额和年交易额。具体方法包括：

- 直接询问客户本年度的交易额；
- 查询客户的本年度销售计划；
- 询问客户由公司购入的预订量；
- 由公司营销额推算其销售额；
- 根据库存情况，推算商品周转率，进而推算销售额；
- 取得对方的决算书；
- 询问其他企业。

第二步，计算出客户与公司的月交易额或年交易额。

第三步，计算出客户占公司总销售额的比重。

第四步，检查该占有率是否达到公司所要求的水平。

（2）销售状况分析步骤。

①季节推算分析方法：

第一步，统计各客户以往 3 年的各月销售额。

第二步，汇总 3 年的总销售额。

第三步，总销售额做平均值计算，即得每年平均销售额。

第四步，将平均销售额累计起来。

第五步，上述累计额除以 12，计算出月平均销售额。

第六步，月平均额除以年平均额，乘以 100% 即得季节指数。

第七步，各月季节指数除以 12，即可计算出各月的销售额构成比。

第八步，各月销售额构成比乘以客户的年销售目标额，即为各月应达到的销售目标。

②不同商品的销售构成分析步骤：

第一步，将客户销售的商品按销售额由高到低排序。

第二步，合计所有商品的累计销售额。

第三步，计算出各种商品销售额占累计销售额的比重。

第四步，检查是否完成公司规定的商品销售任务。

第五步，确定对不同客户的商品销售的倾向及存在的问题，检查营销重点是否正确，将畅销商品努力推销给具有潜力的客户。

③不同商品毛利润额和毛利润率的核算方法：

第一步，将自己负责的对客户销售的商品按毛利润额大小排列。

第二步，计算出各种商品的毛利润率。

④商品周转率的核算方法：

第一步，按以下方法核定经销商品的库存量：

- 月初客户拥有的公司商品库存量 a
- 月末客户拥有的公司商品库存量 b
- 根据 (a+b)÷2 算式，可计算出平均库存量

第二步，销售额除以平均库存量，即得商品周转率。

⑤交叉比率的核算方法：将已计算出的毛利润乘以商品周转率，即是交叉比率。

⑥贡献比率的核算方法：

第一步，将已计算出的不同商品的交叉比率乘以不同商品的销售构成（比重），即得贡献比率。

第二步，对不同客户商品销售情况进行下列分析比较：

- 是否完成了公司规定的商品销售任务
- 对某一客户热销，而对另一客户滞销的原因何在
- 应重点推销的商品（贡献比率高的商品）是什么

## 7.8　客户调查资料处理制度

1. 目的

为规范我公司客户调查资料处理的工作，对客户调查资料的搜集、整理、加工、上报和具体运用提供规范性的处理方法，特制定本制度。

2. 调查资料处理的意义：

（1）根据调查资料确定扩大客户订货的基本方针；

（2）通过调查资料的发布，促进营业部销售人员的工作。

3. 调查资料处理的基本步骤：

（1）确定搜集调查资料的基本方针；

（2）分析搜集调查资料的需求；

（3）选择最佳的搜集和调查方法；

（4）确定具体的业务分工和职责分担；

（5）撰写详细的调查报告；

（6）调查报告的分类归档。

4. 调查资料的来源：

（1）直接来源

- 政府部门：各种协会、团体
- 各类事业单位、研究机构
- 各类工商企业
- 各类调查资料机构
- 各种传播媒介

（2）间接来源

- 公司的主要客户
- 与本公司有业务关系的企业、机构、组织等

5. 各营业部门要将近期工作重点、业务内容、需要的调查资料种类等及时

通报企划部。

6. 调查资料处理工作中企划部的职责：

（1）由企划部经理确定调查资料搜集工作的基本方针，并负责组织实施；

（2）负责调查资料的搜集整理及日常管理工作；

（3）制定调查资料搜集和市场调查规范，并负责培训指导有关人员；

（4）对所有调查资料进行归类、分析和保存；

（5）在综合分析的基础上，对各种调查资料的内容、可信度、使用价值等做出分析判断，并提供给有关部门。

7. 调查资料处理工作的注意事项：

（1）应制定调查资料搜集、管理计划，根据计划合理分工，并派专人负责。但调查资料搜集工作不能局限于专职人员，要使公司每一位员工都关心和参与；

（2）应做好基础工作，如建立客户档案和客户名录，掌握全国主要工商企业的名录及通讯联系方法等；

（3）在具体实施过程中，应根据调查资料的性质和调查资料源的特点，选择不同的搜集调查方法；

（4）获取的调查资料应及时整理，对重要调查资料要向上级提交调查报告；

（5）应为此项工作提供充足的经费和物质条件保证；

（6）在上门访问客户以取得订货调查资料时应注意：

- 在正式访问前，应对其相关情况进行观察，了解基本情况
- 要给对方以亲切感和依赖感
- 应多听多问，避免单刀直入，善于从对方话语中获取调查资料
- 要善于把握话题，围绕既定目标展开谈话

（7）提供调查资料者要填制调查资料提供记录卡。对确有实用价值和采用后取得明显效益的调查资料提供者，给予物质奖励。

8. 本制度自颁布之日起实施，公司市场部拥有本制度的最终解释权，其修改须呈总经理办公室批准。

# 7.9 销售客户调查方案

**格式**

客户调研方案，即客户调研计划书，它是整个调研过程的总体规划和实施方

案，其格式主要包括：
- 调查名称
- 调查目的
- 调查范围及对象
- 调查内容
- 调查方法
- 调查日程
- 调查预算
- 其他：包括调查报告的架构，二手商业资料的名称、出处以及内容概要等

**写作要点**

一般由企业企划部门或市场调查公司项目主管负责完成客户调查方案的起草与撰写工作，其基本写作要点是：

1. 了解调查目的

调查目的是与调查问题的定义和研究目标直接相关的，其他调查步骤也都是围绕它设计的，大部分调查除了调查主目的之外，通常还会有一些从目的。

2. 确定调查方法

客户调查的方法因调查目的不同而不同。只有根据调查目的选择适合的方法，才不致使调查活动失去作用，才能获得较准确的信息。调查方法大致可以分为：

- 观察法：适宜于探测性研究
- 实验法：适宜于因果关系研究
- 调查法（访问法）：适宜于描述性研究
- 动机调查法：适宜于分析性研究

在实际的调查中，往往会采用两种以上的调查方法收集市场信息。

3. 决定调查范围及调查对象

采用市场区隔化的理论，决定调查范围及调查对象，然后再采用随机抽样或非随机抽样的方法从中抽出若干具有代表性的样本。

4. 制定调查日程

每一个调查方案都必须有详细的调查日程进度计划，以便督促或检查各阶段的工作，保证按时完成调查工作。通常一项较具规模的调查活动，最少也要45～60个工作日，而一些大规模的调查会持续半年到一年。但是对于有时间性的

调查，可对其所需时间做弹性浓缩。

5. 安排调查预算

一般来讲，一个调研方案的调查前期的计划准备阶段、实施调查阶段和后期分析报告阶段的费用安排为 20%、40% 和 40%。在进行调查预算安排时，要将可能需要的费用尽可能加以全面考虑，以免将来出现一些不必要的麻烦而影响调查的操作。

- 调查方案设计费与策划费
- 问卷设计费
- 问卷测试费
- 问卷印刷和装订费
- 抽样设计费
- 抽样实施费
- 数据录入和数据统计分析费
- 调查实施费用
- 调研报告撰写费用
- 管理费、税金
- 其他办公费用

# 7.10 销售客户调查问卷

1. **客户调查问卷的功能**

一份成功的问卷设计应该具备两个功能：

（1）能将所要调查的问题明确地传达给被调查者；

（2）能设法取得被调查者的合作，最终取得真实、准确的答案。

2. **问卷的项目组成**

尽管调查问卷的项目组成往往根据调查目标的不同而有不同的安排，但基本上由被调查者项目、调查项目和调查者项目三部分组成。

（1）被调查者项目

设置被调查者项目的目的主要是为了便于日后查询，以及对被调查者的总体情况有一个具体把握。调查人员可以根据调查目的有针对性地选择以下被调查者

项目:
- 姓名
- 性别
- 年龄
- 文化程度
- 职业
- 家庭住址
- 联系电话
- 本人在家庭中的地位

（2）调查项目

调查人员根据要调查了解的内容所设计的一些具体问题和备选答案即是调查项目，它是整个问卷中比较重要的一部分内容。通常在所列项目中要给出若干个备选答案供被调查者选择填写。

（3）调查者项目

为明确责任和方便查询，应有包括调查人员的姓名、工作单位及调查日期等在内的调查者项目。

## 3. 问卷的格式

通常，一张完整的问卷的格式主要为：

（1）调查机构；
（2）招呼语、自我介绍和说明目的；
（3）调查地点；
（4）访问时间和访问次数；
（5）样本编号；
（6）访员姓名；
（7）调查问题（正式问卷）；
（8）受访者的基本资料；
（9）受访者的联络地址；
（10）必要时，受访者签名；
（11）无法调查的理由；
（12）督导员签名。

## 4. 问卷的设计程序

一般来讲，要获得满意的问卷，要经过以下 7 个阶段：

（1）设计问卷的构成

根据所确定的问卷的主题着手建立大致的问卷框架，而且通常还应根据问卷主题，设立若干副题，且副题不能脱离主题而独立存在。

（2）确定问卷的内容

在副题的基础上确定几个与副题紧密联系的小主题，根据这些小主题确定问卷的问题，而且对每一个问题都应加以核对，以确定它对研究目标有无贡献。

（3）决定问卷的形式

问卷的形式各式各样，如两分法、顺位法、多项选择法、评分法等，在这个阶段，必须决定每一个问题的询问方式。

（4）把握问卷的措辞

为保证调查结果的质量，对问卷中问题的用词必须十分审慎，而且市场调查人员应该使用简单、直接、无偏见的词汇，所提的问题应先在小范围内对被调查人预试，经修正后才能广泛应用。

（5）确定问卷提问的顺序

设计问卷要考虑到问题的顺序，一般来讲，应遵循以下原则：

- 提出的问题应该合乎逻辑次序
- 引导性的问题应该是能引起被调查人兴趣的问题
- 回答困难的或涉及隐私的问题应放在调查访问的最后
- 有关被调查人的分类数据（如个人情况）的问题也应放在问卷最后

（6）对问卷进行测试与检讨

问卷设计初稿完成后，需要先做试验性的访问，并逐一讨论，及时发现设计上诸如是否容易造成误解、语意不清楚或没有抓住重点等的缺失，并做合理修正。

（7）问卷的合议与定稿

问卷经过修正后，还必须要与客户进行合议，才能定稿、复印，然后才能正式实施调查。

**5. 调查问卷的设计要点**

（1）避免提问不着边际或比较模糊的问题，避免使用"普通""经常""一些"这样的词以及"美丽""著名"等这样的形容词；

（2）避免提问一般性的问题；

（3）避免引导性提问；

（4）避免提问可能令人不快的问题；

（5）问题与答案应保持一致；

（6）问句要具有时效性。

## 7.11　销售客户调查报告

将客户调查得到的资料进行整理，形成规范的书面总结性文字即为客户调查报告，它是对企业客户资源的全面情况或就客户关系、客户信息及客户服务方面的问题进行调查研究之后撰写出来的报告，是针对客户管理活动中存在的问题进行的调查与分析。

**1. 特点**

（1）针对性

针对性作为客户调查报告的灵魂，主要体现在：

- 撰写调查报告必须明确调查的目的
- 必须明确阅读对象

（2）新颖性

客户调查报告应具有新颖性，即应紧紧抓住客户需求的新动向、新问题，引用一些人们未知的、通过调查研究得到的新发现，提出新观点，形成新结论。

（3）时效性

市场情况瞬息万变，客户调查报告必须快速反映这种变化，及时为企业决策提供参考意见，以便不失时机地在一定范围内调整生产经营与营销策略，以提高企业经济效益。

**2. 写作的四个阶段**

客户调查报告的写作一般可以分为以下四个阶段：

（1）构思过程

- 通过收集到的资料，认识客观事物
- 在认识客观事物的基础上，确立主题思想。主题的提炼，要努力做到集中、准确、新颖、深刻
- 确定主题后，对收集到的大量资料，经过分析研究，逐渐消化、吸收形成概述

- 通过判断、推理，把感性认识提高到理性认识
- 列出论点、论据，得出结论。在做出结论时，应注意一切有关实际情况及调查资料是否都考虑到了、立场是否公正客观、前后是否一致、是否有相反结论足以说明调查事实等方面的问题

（2）研究和选取数据资料

有无丰富的、准确的数据资料做基础，是撰写调查报告成败的关键，因此在确立主题、论点、论据后，就要围绕主题进行研究和选取数据资料。

- 对所收集的数据资料进行分析研究、加工判断，挑选出符合选题需要，最能够反映事物本质特征的资料，形成观点、作为论据
- 数据资料还要运用得当，在写作时，为更好地突出主题，要努力做到用资料说明观点，用观点论证主题，详略得当，主次分明，使观点与数据资料协调统一起来

（3）撰写和修改初稿

①撰写初稿。

报告的初稿一般是由单独一人或数人分工根据撰写提纲的要求负责撰写，但各部分的写作格式、文字数量、图表和数据要协调一致。

②初稿完成后，就要对其进行修改，主要是检查各部分内容和主题是否连贯，有无修改和增减的必要，顺序安排是否得当等，然后整理成完整的报告，提交相关人员和部门审阅。

（4）定稿

在写出初稿，征得各方意见进行修改后，就可以定稿。定稿阶段一定要坚持实事求是原则，不屈服于权力，不受一般定论的影响，最终使报告能完善、准确地反映客观规律。

## 7.12　销售客户需求预测报告

客户需求预测从质的方面预测以解决客户需要什么的问题，从量的方面预测以解决客户需要多少的问题。对客户需求进行预测所形成的书面材料即为客户需求预测报告，它对企业的客户管理与市场决策都具有重要的参考价值。

**撰写程序**

一般来讲，客户需求预测报告应按以下程序撰写：

1. 确定预测目标

确定预测目标是进行需求预测的前提，在客户需求预测报告写作之前，应根据实际需要，明确通过预测要达到什么目的、解决什么问题。

2. 搜集和整理预测资料

写预测报告须广泛、深入地搜集和整理有关资料，这是达到预测目标的基础。这些资料既包括深入实际搞调查研究获得的第一手材料和从其他途径得到的相关统计资料等第二手资料。

在整理资料时应注意做到历史的和现实的材料相结合、内部的和外部的材料相结合、直接的和间接的材料相结合，并将它们进行系统的整理归类加工，使原始状的资料变为系统化、数据化、表格化、可供引用的报告素材。

3. 选择预测分析方法

应根据预测目标要求及掌握材料的情况，选择适当的预测方法进行预测并写出预测报告。

4. 进行预测分析

用选定的预测方法对所拥有的材料做分析判断，以确定未来市场的预测值。在进行预测分析时要充分考虑可能产生误差的各种因素以减少预测的误差。

5. 撰写预测报告

将客户需求预测的分析、研究及其结论、对策或建议等，用书面形式集中表述出来。

**写作注意事项**

客户需求预测报告是专业性较强的应用文书，在写作时应注意以下几个问题：

1. 预测目标要明确。

2. 预测时间要及时。

3. 预测结论要力求准确。

## 7.13 销售客户调查表

☐ 新开发
☐ 第　　　次调查　　　　　　　　　　___年___月___日

| 客户名称 | | 电话 | | 地址 | | | |
|---|---|---|---|---|---|---|---|
| | 负责人 | | 年龄 | | 文化程度 | | 性别 | |
| | 厂长 | | 年龄 | | 文化程度 | | 性别 | |
| | 接洽人 | | 职称 | | 负责事项 | | 性别 | |

| | | | | | | |
|---|---|---|---|---|---|---|
| 经营状况 | 经营方式 | ☐积极 | ☐保守 | ☐踏实 | ☐不定 | ☐投机 |
| | 业务 | ☐兴隆 | ☐成长 | ☐稳定 | ☐衰退 | ☐不定 |
| | 业务范围 | | | | | |
| | 价格 | ☐合理 | ☐偏高 | ☐偏低 | ☐削价 | |
| | 销售状况 | 旺季___月,月销量___,淡季___月,月销售___ | | | | |
| | 公司性质 | ☐股份有限公司　☐有限公司　☐合伙店铺　☐合资 | | | | |
| | 员工人数 | 职员___人,工员___,合计___ | | | | |
| | 组织 | ☐领导者　☐一级　☐二级　☐三级 | | | | |

| | | |
|---|---|---|
| 同业地位 | 态度 | |
| | 付款期 | |
| | 方式 | |
| | 手续 | |

| | 年度 | 主要采购产品 | 金额 | 旺季每月 | 淡季每月 |
|---|---|---|---|---|---|
| 与本公司往来 | | | | | |
| | | | | | |
| | | | | | |
| | | | | | |

| 客户负责人 | | 审核 | |
|---|---|---|---|

231

## 7.14 销售客户调查计划表

           ___年___月___日

| | |
|---|---|
| 重点客户 | |
| 其他客户 | |
| 具体调查内容 | |
| 调查实施进度 | |
| 采用的调查方法 | |
| 备注说明 | |

## 7.15 客户分组调查计划表

| 组　别<br>调查内容 | 第一组 | 第二组 | 第三组 | 第四组 |
|---|---|---|---|---|
| 调查地点 | | | | |
| 调查时间 | | | | |
| 调查主题 | | | | |
| 调查方法 | | | | |
| 样本数 | | | | |
| 调查负责人 | | | | |
| 调查费用 | | | | |
| 备注说明 | | | | |

## 7.16　客户地址分类表

地区：　　　　　　　　　　　　　　　　　　　　负责人：

| 项次 | 客 户 名 称 | 地　　　　址 | 经 营 类 别 | 不宜访问时间 | 备　注 |
|---|---|---|---|---|---|
|  |  |  |  |  |  |
|  |  |  |  |  |  |
|  |  |  |  |  |  |
|  |  |  |  |  |  |
|  |  |  |  |  |  |
|  |  |  |  |  |  |
|  |  |  |  |  |  |
|  |  |  |  |  |  |
|  |  |  |  |  |  |
|  |  |  |  |  |  |
|  |  |  |  |  |  |
|  |  |  |  |  |  |
| 访问路线图 |  |  |  |  |  |

## 7.17 客户信用调查总表

_____年_____月_____日

| 类别<br>客户名称 | 总资产<br>(单位：万元) | 净资产<br>(单位：万元) | 信用等级<br>ABCD | 评定等级<br>ABCD | 发展前景<br>ABCD |
|---|---|---|---|---|---|
|  |  |  |  |  |  |
|  |  |  |  |  |  |
|  |  |  |  |  |  |
|  |  |  |  |  |  |
|  |  |  |  |  |  |
|  |  |  |  |  |  |
|  |  |  |  |  |  |
|  |  |  |  |  |  |

## 7.18 客户信用调查明细表

___年___月___日

| 客户名称 | | | | | | | |
|---|---|---|---|---|---|---|---|
| 地址 | | | | | 电话 | | |
| 创业时间 | 年 月 日 | | | 开始交易时间 | 年 月 日 | | |
| 主营项目 | | | | 营业区域 | | | |
| 经营方式 | □独资 □合伙 □公司 | | | 经营地点 | □郊外 □住宅 □市场 | | |

| 负责人情况 | 姓名 | | 住所 | | | 电话 | |
|---|---|---|---|---|---|---|---|
| | 籍贯 | | | 性格 | □开朗 □孤僻 □温柔 □自负 | | |
| | 兴趣 | | | 气质 | □稳重 □急躁 □寡言 □朴素 | | |
| | 学历 | □大学 □高中 □初中 □小学 | | 信誉 | □佳 □不佳 □很坏 | | |
| | 思想 | □稳健 □保守 □激进 | | 口才 | □佳 □普通 □口拙 | | |
| | 经历 | | | 嗜好 | □饮酒 □吸烟 | | |
| | 优点 | | | 特长 | | | |
| | 缺点 | | | 技术 | □熟练 □略懂 □不懂 | | |

| 财务状况 | 来往银行 | 银行: 账号: | 银行信用 | □佳 □好 □普通 □差 □很差 |
|---|---|---|---|---|
| | 账务体系 | □完备 □不完备 | 同行评价 | □佳 □好 □普通 □差 □很差 |
| | 经营组织 | □个人经营 □有限公司 □股份公司 □合资公司 | 近邻评价 | □佳 □好 □普通 □差 □很差 |
| | 资本额 | 万元 | 付款态度 | □爽快 □一般 □迟延 □为难 □总欠尾款 |
| | 营业执照登记号码 | | 其他说明 | |

| 店铺情况 | 资产 | 汽车: 辆 | | 自有 | | 租用 | |
|---|---|---|---|---|---|---|---|
| | 场所 | □处于繁华区 □一般商业区 □偏僻地区 | | 面积 | | 面积 | |
| | 装饰 | □精装 □普通 □差 | | 层数 | | 层数 | |
| | 保险 | □有（ 元） □无 | | 市价 | | 年租 | |

| 营业状况 | 交易品种 | 交易品种 | 品牌 | 月销售量 | 金额 | 年销售量 | 金额 | 备注 |
|---|---|---|---|---|---|---|---|---|
| | | | | | | | | |
| | | | | | | | | |
| | | | | | | | | |
| | | | | | | | | |
| | | | | | | | | |

| 信用核定限额 | 1. 年 月 日 元 盖章 | 5. 年 月 日 元 盖章 | 9. 年 月 日 元 盖章 |
|---|---|---|---|
| | 2. 年 月 日 元 … | 6. 年 月 日 元 … | 10. 年 月 日 元 … |
| | 3. 年 月 日 元 … | 7. 年 月 日 元 … | 11. 年 月 日 元 … |
| | 4. 年 月 日 元 … | 8. 年 月 日 元 … | 12. 年 月 日 元 … |

总经理： 经理： 经办：

## 7.19 顾客流量调查表

＿＿＿年＿＿＿月＿＿＿日

| 顾客光顾最多的时候？ | | | | | | |
|---|---|---|---|---|---|---|
| 商品类别<br>商品特征<br>时间 | 商品 A | 商品 B | 商品 C | 商品 D | …… | 合计 |
| 几点 | | | | （一天） | | |
| 周几 | | | | （一周） | | |
| 何日 | | | | （一月） | | |
| 何月 | | | | （一年） | | |

## 7.20　顾客构成调查表

调查者：　　　　　　　　　　　　　　　　　　___年___月___日

| | 顾客构成类别 | 商品名称 | 商品A | 商品B | 商品C | 商品D | 商品E | …… |
|---|---|---|---|---|---|---|---|---|
| 1 | 性别(%) | 男 | | | | | | |
| | | 女 | | | | | | |
| 2 | 年龄(%) | 5岁以下 | | | | | | |
| | | 5岁~12岁 | | | | | | |
| | | 13岁~15岁 | | | | | | |
| | | 16岁~18岁 | | | | | | |
| | | 19岁~22岁 | | | | | | |
| | | 23岁~25岁 | | | | | | |
| | | 26岁~30岁 | | | | | | |
| | | 31岁~35岁 | | | | | | |
| | | 36岁~40岁 | | | | | | |
| | | 41岁~45岁 | | | | | | |
| | | 46岁~50岁 | | | | | | |
| | | 51岁~55岁 | | | | | | |
| | | 56岁~60岁 | | | | | | |
| | | 60岁以上 | | | | | | |
| 3 | 职业(%) | 公务员 | | | | | | |
| | | 艺术家 | | | | | | |
| | | 教师 | | | | | | |
| | | 个体户 | | | | | | |
| | | 白领 | | | | | | |
| | | 蓝领 | | | | | | |
| | | 无业 | | | | | | |
| | | 其他 | | | | | | |
| | 学生(%) | 小学生 | | | | | | |
| | | 中学生 | | | | | | |
| | | 高中生 | | | | | | |
| | | 大学生 | | | | | | |
| | 主妇(%) | 知识分子家 | | | | | | |
| | | 普通人家 | | | | | | |
| | | 农家 | | | | | | |
| | | 个体户家 | | | | | | |
| | | 公务员家 | | | | | | |

续表

| 顾客构成类别 | | 商品名称 | 商品A | 商品B | 商品C | 商品D | 商品E | …… |
|---|---|---|---|---|---|---|---|---|
| 4 | 购买时人数(%) | 1人 男 | | | | | | |
| | | 女 | | | | | | |
| | | 2人 男与男 | | | | | | |
| | | 男与女 | | | | | | |
| | | 女与女 | | | | | | |
| | | 3人 男多 | | | | | | |
| | | 女多 | | | | | | |
| 5 | 购买决定人数(%) | 夫妻 夫妻 | | | | | | |
| | | 恋人 男女 | | | | | | |
| | | 家庭 家长 | | | | | | |
| | | 孩子 | | | | | | |
| | | 朋友 一人 | | | | | | |
| | | 多人 | | | | | | |

## 7.21 顾客询问内容及购买量调查表

_____年_____月_____日

| 顾客询问内容调查 ||||
|---|---|---|---|
| 商品名称 | 询问内容 | 回答内容 | 回答花费时间 |
| | | | |
| | | | |
| | | | |
| | | | |

顾客购买量调查

| 类别＼商品名称 | | | |
|---|---|---|---|
| 人均购买量 | | | |
| 人均消费额 | | | |
| 商品平均单价 | | | |

238

## 7.22 来店客户调查分析表

开门： 时 分
关门： 时 分 ___年___月___日

| 时 刻 | 主妇 | 上班族 男 | 上班族 女 | 男主人 | 小孩 男 | 小孩 女 | 其他 男 | 其他 女 | 熟顾客 | 路过客人 | 计 | 前次调查合计 | 和谁同来 单独 | 和谁同来 子女 | 和谁同来 夫妇 | 和谁同来 朋友 |
|---|---|---|---|---|---|---|---|---|---|---|---|---|---|---|---|---|
| 上午7时 | | | | | | | | | | | | | | | | |
| 上午8时 | | | | | | | | | | | | | | | | |
| 上午9时 | | | | | | | | | | | | | | | | |
| 上午10时 | | | | | | | | | | | | | | | | |
| 上午11时 | | | | | | | | | | | | | | | | |
| 中午12时 | | | | | | | | | | | | | | | | |
| 下午1时 | | | | | | | | | | | | | | | | |
| 下午2时 | | | | | | | | | | | | | | | | |
| 下午3时 | | | | | | | | | | | | | | | | |
| 下午4时 | | | | | | | | | | | | | | | | |
| 下午5时 | | | | | | | | | | | | | | | | |
| 下午6时 | | | | | | | | | | | | | | | | |
| 下午7时 | | | | | | | | | | | | | | | | |
| 晚上8时 | | | | | | | | | | | | | | | | |
| 晚上9时 | | | | | | | | | | | | | | | | |
| 晚上10时 | | | | | | | | | | | | | | | | |
| 计 | | | | | | | | | | | | | | | | |
| 和前次调查合计的比较 | | | | | | | | | | | | | | | | |
| 备 注 | | | | | | | | | | | | | | | | |

## 7.23　来店顾客购买动向调查表

＿＿＿年＿＿＿月＿＿＿日

| 商品名称<br>时　间 | 不买 | 购买 | 不买 | 购买 | 不买 | 购买 | 不买 | 购买 | 购买率 | 备注 |
|---|---|---|---|---|---|---|---|---|---|---|
| 上午8时 | | | | | | | | | | |
| 上午9时 | | | | | | | | | | |
| 上午10时 | | | | | | | | | | |
| 上午11时 | | | | | | | | | | |
| 上午12时 | | | | | | | | | | |
| 下午1时 | | | | | | | | | | |
| 下午2时 | | | | | | | | | | |
| 下午3时 | | | | | | | | | | |
| 下午4时 | | | | | | | | | | |
| 下午5时 | | | | | | | | | | |
| 下午6时 | | | | | | | | | | |
| 晚上7时 | | | | | | | | | | |
| 晚上8时 | | | | | | | | | | |
| 晚上9时 | | | | | | | | | | |
| 合计 | | | | | | | | | | |
| 购买率 | | | | | | | | | | |

## 7.24 销售客户统计表

年度　　　　　　　　　　　　　　　　　　　　　　　　页次

| 产品 | 地址 | 客户数 | 销售额 | % | 平均每家年销售额 | 前三名客户名称及销售额 ||||| |
|---|---|---|---|---|---|---|---|---|---|---|---|
| | | | | | | 名称 | 金额 | 名称 | 金额 | 名称 | 金额 |
| | | | | | | | | | | | |
| | | | | | | | | | | | |
| | | | | | | | | | | | |
| | | | | | | | | | | | |
| | | | | | | | | | | | |
| | | | | | | | | | | | |
| | | | | | | | | | | | |
| | | | | | | | | | | | |
| | | | | | | | | | | | |
| | | | | | | | | | | | |
| | | | | | | | | | | | |
| | | | | | | | | | | | |
| | 总计 | | | 100% | | | | | | | |

## 7.25 客户调查方式改进表

___年___月___日

| | | |
|---|---|---|
| 方式一 | 优点 | |
| | 缺点 | |
| | 由其他方式替代还是改进 | |
| | 如何改 | |
| | 和其他方式配合 | |
| 方式二 | 优点 | |
| | 缺点 | |
| | 由其他方式替代还是改进 | |
| | 如何改 | |
| | 和其他方式配合 | |
| 方式三 | 优点 | |
| | 缺点 | |
| | 由其他方式替代还是改进 | |
| | 如何改 | |
| | 和其他方式配合 | |
| 方式四 | 优点 | |
| | 缺点 | |
| | 由其他方式替代还是改进 | |
| | 如何改 | |
| | 和其他方式配合 | |

# 第 8 章

# 销售业务管理

## 8.1 销售人员业务素质要求

良好的个人素质是一个销售人员取得成功的基本前提，这些素质主要包括如下几点：

**1. 真诚**

真诚是销售人员应具备的最基本的素质。虽然市场充斥着尔虞我诈，更有"无商不奸"之说，但缺乏真诚，销售人员就难以取得客户的信任，或者只能暂时骗得客户的信任，最终还是会失信于人。

**2. 忠实**

即对所属企业的忠诚感，把自己的销售工作视为对企业的一种责任。否则，以销售之名，行营私利之实，绝不会成为一名成功的销售人员。

**3. 机敏**

面对复杂的情况，能够迅速作出判断，及时采取对策。推销无常法，机遇不常存，销售人员唯有以灵敏的洞察力来捕捉时机，才能出奇制胜。

**4. 创造力**

对销售人员而言，与其说是在推销商品，倒不如说是在推销技巧。这些技巧很难从书本中学到，更多地来自个人的独创。

**5. 博学**

只有虚心好学，处处留心，事事留意，才能具备广博的知识和健全的知识结构。

**6. 热情**

对本职工作充满热情，坦诚友善礼待他人，是创造良好人际关系的基础。

**7. 礼貌**

心胸开阔，积极乐观，彬彬有礼，具有绅士风度的销售人员会给客户留下深刻的第一印象。

**8. 勇气**

这里所讲的勇气有双层含义：一是取胜的信念，一是在陷入困境时保持乐观和自信。

**9. 进取心**

对业绩永不满足，时刻以高标准激励自己，具有不为困难所吓倒的勇气。

## 8.2 对销售人员的工作要求

**1. 职业规范细则**

（1）遵守作息时间，不迟到、不早退，休息时间不得擅自外出。

（2）外出联系业务时，要按规定手续提出申请，讲明外出单位、外出目的、外出时间及联系方法。

（3）外出时，必须严格要求自己，自觉遵守企业的规章制度。

（4）外出时，不能假公济私、公款私用。

（5）外出使用本企业的商品或物品时，必须说明使用理由，并办理借用或使用手续。

（6）本企业与客户达成的意向或协议，销售人员无权擅自更改，特殊情况的处理必须征得有关部门的同意。

（7）在处理契约、合同、收付款时，必须恪守法律和业务上的各项制度，避免出现失误。

（8）外出时，应节约交通、通信和住宿费用。

**2. 请示与联系**

销售人员外出时，应及时向上级汇报业务进展情况，服从上级工作布置，遇到特殊情况，不能自作主张。外出归来后，要将业务情况详细向上级报告，并请上级对下一步工作作出指示。

**3. 外勤安排**

（1）销售人员外出的主要目的是与客户洽谈，所以在时间安排上，应尽量减少往返时间（又称成本时间），而应把更多的时间用于与客户洽谈（又称效益时间），提高出差的时间价值。时间价值越大，销售人员就可以与更多的客户洽谈，或对同一客户进行更多的洽谈，从而提高工作效率。为此销售人员应根据以下几项制定出周密的日程安排：

● 熟悉沿途各种交通工具的始发时间、中转时间和到达时间，对各种交通工具所需要的时间、交通费进行比较

● 对客户的地理位置、访问路线及次序作出合理安排，尽量减少迂回重复

● 认真核算访问每一位客户所需要的时间

（2）事先与客户联系

在外出之前，应尽量与客户取得联系，以免对方负责人外出，造成无谓的浪费。在联系时，应向对方通报此行的主要业务内容。

（3）洽谈前准备

销售人员到达目的地后，与客户正式洽谈前，还须进行一系列准备工作：

• 仔细核算客户货款支付情况，对客户未付款的数量、应支付的时间期限有清楚的了解

• 对欲访问企业的经营情况有清楚的把握

• 对与客户洽谈的要点、谈话策略、推销（或催收）要领做进一步筹划

• 确定开始时间、洽谈时间、结束时间

• 到该企业所属营业机构实地观察，了解商品结构的变化、销售情况、客流量、商品库存、商品陈列、服务质量等情况

**4. 外销应酬与洽谈**

（1）应酬要点

• 给人以彬彬有礼的第一印象，仪表姿态要端正，表达对客户的尊重与谢意

• 当对方有客人时，要注意掌握谈话时机

• 对于对方感兴趣的商品，要详加说明

（2）洽谈技巧

• 言辞要恳切，表达要充分，不得随意插话

• 销售人员与客户洽谈时，应依照事前确定的访问计划行事，将平时演练的洽谈技巧充分地发挥出来

• 与对方洽谈时，应用语恰当、思维连贯、表达完整、条理清楚、语调适中，不能给人油腔滑调、强买强卖的感觉，努力创造一个良好的洽谈气氛

• 洽谈时，应开门见山，直接说明来意，不能过多地游离于主题之外，以免浪费双方时间，引起客户反感

• 洽谈时要察言观色，注意客户的心理变化，抓住时机，循循善诱，引发客户购买欲望

• 在征求订单时，应以客户急需的商品为突破口，以重点商品带出一般商品

• 向客户催收货款时，应向客户讲明以往货款支付情况，以及未付款的支付期限与数量。若发生客户长期拖欠货款，销售人员应以坚忍不拔的精神，反复上门催要，但态度不能生硬，要说明自己的困境，恳请对方协助

• 与新客户洽谈时，首先不要急于谈成生意，应把主要精力用于三项调查，

即客户基本情况调查、信用调查和支付货款情况调查。其中包括经营商品种类、销售方针、经营规模、商品结构、不同商品销售额、销售对象、客流量、服务水平、主要供货商、与主要合作者的业务关系、合作者的反映等。调查结束后，应将上述情况以书面报告的形式报告给上级

- 销售人员在访问客户时，应尽量与对方的员工及其家属接触，因为个人间的联系有利于开展工作

### 5. 非外出时间的工作

（1）日常业务

销售人员因没有外出业务而在公司坐址时，主要负责订货单据的整理、送货的准备、货款的核算、与客户及相关业务单位的联系等工作。另外，还包括下次出差的准备、退货的处理等业务。

（2）情况报告

销售人员应将出差时所见所闻，包括市场供求状况、客户需求趋势与要求，以及竞争对手的营销动态、价格变动动态、新产品开发情况等及时地向上级反映。

（3）工作计划

- 对上段工作的总结与回顾
- 上级对下一阶段工作的指示
- 下一阶段具体的业务对象

（4）出差准备

- 产品资料、样品的准备
- 制定出差业务日程表、工作重点与对策
- 各种票据、印章、介绍信的准备
- 车、船、飞机票的预订
- 差旅费的准备
- 个人日常生活用品的准备

### 6. 订货和货款处理

- 当接受客户订单时，应及时填制订货传票
- 若本企业的商品存货不足或已没有存货，销售人员应立即通知客户，延期供货
- 当接受客户支付货款时，应及时填制收款凭证、收款证明和货款回收管

理表

7. **售后注意事项**

• 销售人员出差归来后，应写出正式的业务报告，将业务进展情况报告给上级

• 业务报告的内容包括：出差时间、客户名称、接待人、对方业务状况、业务进展情况、业绩与问题、差旅费使用状况

• 出差中发现的重要事项，如竞争对手的动态、市场供求趋势、客户的信用状况的变化等，应及时向上级及有关部门进行汇报

• 出差直接收回的货款，应立即交付财务部。差旅费应在一周内与财务部结算

# 8.3　销售人员业务管理规定

**出勤管理**

销售人员应依照各公司《员工管理办法》的规定，办理各项出勤考核。但基于工作之需要，其出勤打卡按下列规定办理：

1. 在总部的销售部人员上下班应按规定打卡。
2. 在总部以外的销售部人员应按规定的出勤时间上下班。

**工作职责**

销售人员除应遵守本公司各项管理办法之规定外，还应完成下列工作职责：

1. **部门主管**

• 负责推动完成所辖区域之销售目标

• 执行公司所交代之各种事项

• 督导、指挥销售人员执行任务

• 控制存货及应收账款

• 控制销售单位之经费预算

• 随时稽核各销售单位之各项报表、单据、财务

• 按时呈报下列表单：销货报告、收款报告、销售日报、考勤日报

• 定期拜访辖区内的客户，借以提升服务品质，并考察其销售及信用状况

2. **销售人员**

（1）销售人员的基本事项

- 应以谦恭和气的态度与客户接触，并注意着装仪容之整洁
- 对于本公司各项销售计划、行销策略、产品开发等应严守商业秘密，不得泄露于他人
- 不得无故接受客户之招待
- 不得于工作时间内酗酒
- 不得有挪用所收货款之行为

（2）销售事项
- 对产品的使用进行说明，对产品的设计、生产进行指导
- 对公司的生产及产品性能、规格、价格进行说明
- 处理客户的抱怨
- 定期拜访客户并汇集下列资料：产品品质之反映、价格之反映、消费者使用量及市场之需求、竞争品之反映、评价及销售状况、有关同业动态及信用、新产品之调查
- 定期了解经销商库存
- 收取货款及折让处理
- 客户订货交付之督促
- 退货之处理
- 整理各项销售资料

（3）货款处理
- 收到客户货款应当日缴回
- 不得以任何理由挪用货款
- 不得以其他支票抵缴收回之现金
- 不得以不同客户的支票抵缴货款
- 应以公司所核定的信用额度管制客户的出货，减少坏账损失
- 货品变质可以更换，但不得退货或以退货来抵缴货款
- 不得向仓库借支货品
- 每日所接的订单应于次日中午前开出销货申请单

**移交规定**

销售人员离职或调职时，除依照公司《离职工作移交办法》办理外，并依下列规定办理。

1. **销售单位主管**

（1）移交事项

财产清册、公文档案、销售账务、货品及赠品盘点、客户送货单签收联清点、已收未缴货款结余、领用借用之公物、其他。

（2）注意事项

- 销售单位主管移交，应呈报由移交人、交接人、监交人共同签章的《移交报告》
- 交接报告的附件，如财产应由移交人、交接人、监交人共同签章
- 销售单位主管移交由总经理室主管监交

**2. 销售人员**

（1）移交事项

- 负责的客户名单
- 应收账款单据
- 领用之公物
- 其他

（2）注意事项

- 应收账款单据由交接双方会同客户核认无误后签章
- 应收账款单据核认无误签章后，交接人即应负起后续收款之责任
- 交接报告书由移交人、交接人、监交人共同签章后呈报总经理室，销售人员移交由销售主管监交

# 8.4　销售人员业务工作规定

**工作计划**

1. 销售计划

销售人员每年应依据公司的《年度销售计划表》，制定个人的《年度销售计划表》，并填制《月销售计划表》，呈主管核定后，按计划执行。

2. 作业计划

销售人员应依据《月销售计划表》，填制《拜访计划表》，呈主管核准后实施。

**客户管理**

1. 销售人员应填制《客户资料管制卡》，以利客户信用额度之核定及加强服

务品质。

2. 销售人员应依据客户之销售业绩，填制《销售实绩统计表》，作为制订销售计划及客户拜访计划的参考。

**工作报表**

1. 销售工作日报表

• 销售人员依据作业计划执行销售工作，并将每日工作之内容，填制于《销售工作日报表》中

• 《销售工作日报表》应于次日外出工作前，呈主管核阅

2. 月收款实绩表

销售人员每月初应填制上月份之《月收款实绩表》，呈主管核实，作为绩效评核、账款收取审核与对策的依据。

**售价规定**

1. 销售人员销货售价一律以本公司规定的售价为准，不得任意变更售价。

2. 如有赠品亦须依照本公司之规定办理。

**销售管理**

1. 各销售单位应将所辖区域作适当划分，并指定专属销售人员负责客户开发、销货推广、收取货款等工作。

2. 销售单位主管应与各销售人员共同负起客户信用考核的责任。

3. 货品售出一律不得退货，更不准以退货抵缴货款，但变质货品可依照公司有关规定办理退货。

**收款管理**

1. 销售人员收款，必须于收款当日缴回公司财务。

2. 销售人员应于规定收款日期，向客户收取货款。

3. 所收货款如为支票，应及时交财务办理银行托收。

4. 未按规定收回的货款或支票，除依据相关规定惩处负责的销售人员外，若产生坏账时，销售人员必须负赔偿的责任。

# 8.5　销售工作日报表审核须知

**总则**

1. 制订目的

为加强本公司营业管理，使营业人员之业务力量得以充分发挥，以提升经营绩效，特制定本规章。

2. 适用范围

凡本公司营业人员工作日报表之审核，均依本规章处理。

3. 权责单位

（1）业务部负责本规章制定、修改、废止之起草工作。

（2）总经理负责本规章制定、修改、废止之核准工作。

**工作日报作业规定**

1. 日报作业流程

（1）营业人员

①每日应将当日拜访客户之工作内容，详细填入《营业工作日报表》，并呈单位主管。

②前一日之《营业工作日报表》，应于次工作日 10 时前（外出作业前）交出，不得延误。

（2）单位主管

查核营销人员所呈阅之《营业工作日报表》后，转呈营业部经理批示。

（3）营业部经理

将各营业单位转呈之《营业工作日报表》批示后，交主管单位汇总，转送企划单位。

（4）企划单位

将各营业单位送交之《营业工作日报表》核计，并加以分析，作为制订修正营业计划之依据。

2. 审核要领

（1）营业单位主管

①应依据《拜访作业计划查核细则》之规定，确认营业人员是否按照拜访计划执行。

②将营业人员所呈之《营业工作日报表》与客户订单及缴款明细表等核对，以确认日报表之正确性。

③对营业人员所提出的问题及处置对策，应予以初步核示。

（2）营业本部经理

①综合审查各营业单位所呈之《营业工作日报表》。

②出现异常情况，应立即加以处理。
（3）企划单位
①核对并统计《营业工作日报表》之各项内容。
②依据《营业工作日报表》与《拜访计划表》，计算各营业人员之成功率。
③将统计资料呈核，并拟定对策供营业单位参考。

# 8.6 销售人员客户拜访管理办法

**总则**

1. 制定目的

为规范客户拜访作业，以提升工作业绩及效率，特制定本办法。

2. 适用范围

凡本公司销售部门之客户拜访，均依照本办法管理。

3. 权责单位

- 销售部负责本办法的制定、修改、废止的起草工作
- 总经理负责本办法制定、修改、废止的核准

**实施办法**

1. 拜访目的

（1）市场调查、研究市场。

（2）了解竞争对手。

（3）联络客户感情：

- 强化感情联系，建立核心客户
- 推动业务量
- 结清货款

（4）开发新客户。

（5）新产品推广。

（6）提高本公司产品的覆盖率。

2. 拜访对象

- 业务往来的客户
- 目标客户

- 潜在客户
- 同行业

3. 拜访次数

根据各销售岗位制定相应的拜访次数。

**拜访作业**

1. 拜访计划

销售人员每月底提出次月拜访计划书，呈部门主管审核。

2. 客户拜访的准备
- 每月底应提出下月客户拜访计划书
- 拜访前应事先与拜访单位取得联系
- 确定拜访对象
- 拜访时应携带物品的申请及准备
- 拜访时相关费用的申请

3. 拜访注意事项
- 服装仪容、言行举止要体现本公司一流的形象
- 尽可能地建立一定程度的私人友谊，发展核心客户
- 拜访过程可以视需要赠送物品及进行一些应酬活动（提前申请）
- 拜访时发生的出差行为依相关规定管理

4. 拜访后续作业
- 拜访应于两天内提出客户拜访报告，呈主管审核
- 拜访过程中答应的事项或后续处理的工作应及时进行跟踪处理
- 拜访后续作业之结果列入员工考核项目，具体依相关规定办理

# 8.7　销售拜访查核细则

**总则**

1. 制定目的
- 本细则依据公司《销售人员管理办法》之规定制定
- 促使本公司销售人员确实执行拜访作业计划，达成销售目标

2. 适用范围

本公司销售人员拜访作业计划之核查，依本细则管理。

3. 权责单位

- 销售部负责本细则的制定、修改、废止之起草工作
- 总经理负责本细则制定、修改、废止之核准

**查核规定**

1. 计划程序

（1）销售计划

销售人员每年应依据公司《年度销售计划表》，拟定个人之《年度销售计划表》，并填制《月销售计划表》呈主管核定后，按计划执行。

（2）作业计划

- 销售人员依据《月销售计划表》，每月填制《拜访计划表》
- 销售人员应于每月月底前，将次月计划拜访的客户及其预定停留时数，填制于《拜访计划表》中"客户"及"计划"栏内，呈主管审核
- 经主管审核后，销售人员应依据计划实施，主管则应确实督导查核

2. 查核要项

（1）销售人员

- 销售人员应依据《拜访计划表》所定的内容，按时前往拜访客户，并根据拜访结果填制《销售拜访报告表》
- 如因工作因素而变更拜访行程，除应向主管报告外，并须将实际变更的内容及停留时数记录于《拜访计划表》内

（2）部门主管

- 审核《销售拜访报告表》时，应与《拜访计划表》对照，了解销售人员是否依计划执行
- 每周应依据销售人员的《拜访计划表》与《销售拜访报告表》，以抽查方式用电话向客户查询、确认销售人员是否依计划执行，或不定期亲自拜访客户，以查明销售人员是否依计划执行

3. 注意事项

（1）销售部主管应使销售人员确实了解填制《拜访计划表》并按表执行的目的，以使销售工作开展顺畅；

（2）销售部主管查核销售人员的拜访计划作业实施时，应注意技巧，尤其是向客户查询时，须避免造成以后销售人员工作的困扰与尴尬；

(3）拜访计划作业实施的查核结果，应作为销售人员年度考核的重要参考。

# 8.8 销售士气调查管理办法

**总则**

1. 制定目的

为激励本公司销售人员工作士气，以提升销售绩效，达成销售目标，特制定本办法。

2. 适用范围

凡本公司销售人员，均应依照本办法的规定接受士气调查。

3. 权责单位

（1）销售部负责本办法制定、修改、废止的起草工作。

（2）总经理负责本办法制定、修改、废止的核准。

**士气调查规定**

1. 调查主旨

（1）销售绩效成果，除了本公司的组织运作外，最重要的在于销售人员的工作士气。

（2）达成公司所设定的销售目标，销售人员的工作士气高昂。

（3）在销售主管指导下，一致合作，愉快而积极地完成职责的一种集体工作热情。

（4）本公司的销售人员士气调查，亦即销售工作情绪调查，其用意在于了解销售人员中有多少人热忱服务于工作目标，并探讨销售组织运作上的问题点，作为相关单位改进的指标。

2. 调查重点

销售人员士气调查重点如下：

（1）对本公司是否具有向心力。

（2）组织运作是否合理且有效率。

（3）对主管的领导统御方式是否有信心。

（4）同事间相处是否和谐。

（5）销售人员精神上的建设是否健全。

3. 调查时间

本公司每年 1 月及 7 月，定期调查两次。

4. 调查方式

（1）本公司销售人员士气调查应以无记名方式进行。

（2）以各销售单位为调查单位。

5. 调查程序

（1）总经理室应拟定各销售单位接受调查的预定时间，并事前行文通知。

（2）总经理室于预定时间派员至各销售单位，集合全体销售人员，分发《士气调查问卷》，请大家填写。

（3）接受调查人员应详细填写《士气调查表》，以提供有效资讯作为公司制定政策的参考。

（4）总经理室应于调查完后一周内，将《士气调查表》统计分析并做成报告，报告应包括解决对策。对策内容应包括下列各项：

- 提出具体而明确的改善方针
- 销售人员适应性调整组合建议
- 对产生的问题进行分析与检讨
- 提出如何增进组织运作建议与检讨

（5）报告应呈总经理审核，副本转销售部各有关主管参考；必要时应召开会议，以商讨解决问题的方案和对策。

**士气调查问卷**

总经理室应将每次的销售人员士气调查做成《士气调查问卷》，《士气调查问卷》应针对本办法的调查重点编制。

问卷内容

总经理室编制《士气调查问卷》，除了应考虑本办法的调查重点外，原则上仍应考虑下列各项调查内容：

- 公司的方针或指示，是否都能彻底实施
- 你对自己目前的工作是否感到满意
- 是否有因为指挥工作的人过多，而使你感到无所适从的情形
- 职务或工作上的分配有没有偏颇现象，或感到不满
- 直属上司在工作上的指导是否适当
- 在工作上，是否需要学习更多的知识或技术

- 对于每天的工作，是否觉得倦累
- 休息时间是否能够充分利用
- 现有的设施，若运用得法，是否还能进一步提高效率
- 你认为薪资、奖金的决定公平吗
- 你认为你的薪资计算方法是否太过琐细
- 你觉得工作环境中，哪个地方最不方便
- 你工作的四周有没有危险有害的地方
- 你知道你的薪资计算明细吗
- 你认为改善什么地方最能提高工作效率
- 你认为公司的干部是否十分了解员工的心情或思想
- 你认为公司的气氛很好吗
- 你是否打算一直在这家公司工作
- 你为工作上的事情常与上司商量吗
- 你曾为私人的事情常与上司商量吗
- 你是否希望常常有与公司干部聚集谈话的机会

## 8.9　销售人员业务管理规定

**招聘**
1. 通过报纸、电台、人才市场、张贴广告、熟人介绍等方式招聘。
2. 应聘者要能吃苦耐劳、口齿清晰，听从指挥。
3. 应聘者交身份证、最高学历证复印件及照片一张。
4. 应聘者详细登记现住址及联系方式。

**培训**
1. 讲解产品知识、公司背景。
2. 讲解销售技巧。
3. 老业务员传帮带3天。
4. 上班后公司要给业务员提供：
- 销售证明文件：《营业执照》《税务登记证》《生产许可证》《卫生许可证》《保健食品批文》《价格表》

- 终端日报表、笔记本、笔
- 名片、计算器
- 产品样品、传单和招贴画

**日常管理**

1. 出勤：每周五天工作制。

2. 每天早晨参加晨会，晨会由主管或经理主持。内容是：

- 汇报昨天工作情况。包括在哪些地方推销，洽谈成功了几家，有哪些问题需要解决
- 今天的工作安排。今天打算去什么地方，预计会成功几家

3. 8 时 30 分准时外出。

分区销售不得越界。

统一价格不得抬高或降低。

有效地张贴和散发传单。

出发前检查仪容仪表是否整洁，销售物品是否齐备。

4. 参加每周例会和每月工作会，总结前段工作情况，提出下段工作的问题和工作建议，改进工作。

**工作任务**

1. 完成分管区域的销售任务。

2. 熟记产品知识、功效、使用方法、作用原理，了解公司基本情况；掌握基本功效及延伸功能，熟知口碑宣传资料以及产品优势，并能形成一套有见解的说服客户的理论。

3. 高质量地做好终端工作。

- 做好分管区域终端开发和维护工作，管好终端用品
- 做好分管区域终端拜访工作。按规定，每周拜访频率

**辖区内**

A 类店为 3 次以上；

B 类店为 2 次以上；

C 类店为 1 次以上。

- 开展公关营销，负责辖区终端营业员生日礼物派送，与终端营业员建立良好关系
- 做好培训工作，扩大公司产品的影响力

- 建立终端档案

4. 组织、参与各项促销活动。

5. 参与培训、指导和管理、考核促销员。

6. 做好日常基础工作,包括工作日志、各类报表等。

7. 处理消费者投诉。

8. 及时了解市场动态,特别是竞争品牌动向,提出合理化建议。

9. 参与公司各项业务、文化活动。

## 8.10 商店销售业务管理规定

**经营方针**

本商店奉行的经营方针是:

1. 客户第一。

2. 一切服从于本店的繁荣发展。

3. 实现员工的劳动目的。

以适宜的价格,向每一位客户提供其所需要的商品,是本店义不容辞的责任。顾客光临本店,是对本店的信任和支持。

**本规定的要旨**

本规定旨在为销售人员业务工作提供规范。各销售人员必须严格地按照本规定的要求开展销售工作,以保证销售人员个人目的的实现和本店经营目标的完成。

**销售准备**

1. 店内外清扫

在营业开始前与营业结束时:

(1) 清扫商店外周围及道路。

(2) 清理店内杂物,清扫地面。全体员工都须参加清扫店内外的工作。

(3) 清扫柜台、货架、楼梯、电梯等处。

(4) 擦拭门窗玻璃。

(5) 清扫店内各种通道等。

2. 设施检修

(1) 检查店内各种照明用具,如有故障应迅速报告有关部门,以便及时更换检修。

（2）检查店内外各种装置的情况。

（3）检查各种售货设施的运转情况。

（4）检查各种备用品和销售用品是否到位。

**出勤规定**

1. 严守出勤时间

（1）员工必须严格依照出勤时间，提前到达商店。

（2）如无特别通知，员工须提前15分钟进入商店参加例会。

2. 正确着装

（1）进入商店后，销售人员应更换统一工作服。

（2）正确佩戴胸卡。

3. 例会内容

（1）例会在正式营业前15分钟召开。

（2）例会由主管人员轮流主持。

（3）领导布置工作，提出注意事项。

**销售实务**

1. 销售场所

（1）努力在销售场所内营造一种积极向上的工作气氛和融洽的购物气氛。

（2）销售场所必须清洁、舒适、自然、美观。

（3）销售场所的大小必须依据所在位置、服务半径、客流量等加以设定。

（4）根据市场需求状况确定店铺的业务构成、部门构成、商品构成及业务规模和人员设置。

（5）根据客流量和顾客购买心理，确定柜台的设置与面积、各楼层的经营品种，以及各种商品的陈列方式和陈列数。

（6）听取顾客意见，适时调整销售场所。

2. 店内设置

（1）基本要求

①在出口处须设置收款台

②购物通道应宽阔，尽量减少阻碍

③在入口处放置购物车、物品存放架，以吸引携带物品的顾客进入

④商品的摆放应以便于顾客察看和选择为原则

（2）确定畅销商品的摆放位置

为了使顾客在销售区域内停留更长的时间，必须将畅销商品（指有特殊吸引力的商品，如特卖品、优惠价商品、有奖销售商品等）放于恰当位置。

3. 商品陈列

（1）商品陈列的基本原则

①显而易见

②易于寻找

③易于选择

④富有吸引力

（2）商品陈列要点

①陈列必须美观清洁。为此，必须认真研究各类商品的色彩和形态，确定不同排列组合方案，从中选择视觉效果最佳的方案，同时应经常清洁陈列物品；

②陈列要体现出商品的丰富感和立体感；

③陈列要有季节性和流动感，不同的季节有不同的陈列内容和陈列方式，各类商品的陈列不能千篇一律，在保持整体风格一致的前提下，不同的销售区域要有自己的特色；

④配以醒目的销售广告和装饰品，强化陈列的效果。

4. 顾客接待

（1）了解顾客心理

顾客在一次具体的购买行为中，一般要经过：注目、兴趣、联想、欲望、比较、信任、行动、满足八个阶段的心理变化，销售人员须对此加以认真分析，了解和掌握顾客心理，适时介绍商品，激发顾客购买欲。

（2）端正服务态度

①永远从顾客的角度考虑问题

②从内心感谢顾客光临本店

③认识自我的服务价值

（3）规范服务用语

①注意服务用语与态度、动作的协调统一

②面带微笑

③强调要点，注意语序

④注意顾客反映，认真听取顾客意见

⑤语言尽量通俗易懂

⑥精神集中，不得东张西望

⑦不得与顾客发生争论

（4）商品包装

①商品包装的目的

- 便于顾客携带
- 利用包装物宣传企业
- 保护商品

②包装总体要求

- 牢固
- 美观
- 便于携带
- 易于打开
- 顾客满意

③包装纸包装

- 根据商品的大小和体积选择不同大小的包装纸
- 注意包装纸的正反面，不得使用破损或有皱褶的包装纸
- 不规则的商品，应先装入纸盒中再包装
- 对商品合装还是分装，须征求顾客意见
- 包装要求熟练快捷，不得令顾客久候

④包装袋包装

- 依据顾客所购买商品的重量和体积选择适用的包装袋
- 重物应放于底部
- 易损毁商品应放于上部
- 小物品应插入空隙

5. 广告宣传

（1）广告内容须以切合消费者的心理为原则。

（2）广告内容须有针对性，依据顾客可能关注的问题撰写。

（3）不得使用晦涩难懂的语言。

（4）行文要凝练概括，要点突出。

6. 促销活动

促销活动是指利用各种庆典、节假日、换季等有利时机，实行优惠价格销售商品。

（1）制订详细的促销计划

对每次的促销活动，都须制订详细的活动计划。

（2）确定具体的业务安排

①促销活动的具体时间安排

②降价销售的范围与幅度

③广告的制作

④广告商品的陈列布置

7. 店内检查整理

控制财务预算，协调各部门保持良好的购物环境，是店内检查整理的目的，销售人员须充分认识其重要性，认真对待，合理安排。

（1）商品检查整理

①商品上是否积满灰尘

②某些商品是否已经脱销

③商品上是否贴有标签，标签是否混乱或是否会引起顾客误解

④对破损商品是否已做处理

⑤在通道内是否放有商品

（2）通道和销售区检查整理

①通道内是否清洁

②通道是否畅行无阻

③店内装饰物、灯具等是否有损坏

④店铺的天棚、墙壁是否有污损

⑤店内的广告、装饰物是否有碍顾客通行

⑥包装纸、购物袋是否准备充足

⑦收款台是否干净整洁，收款机是否运转正常

（3）仓储检查整理

①商品存放是否整齐、安全

②存货量是否适度

③污损商品是否妥善处理

④仓储商品是否物账相符

（4）商品陈列整理

①商品陈列数量是否适度

②商品陈列是否美观、整齐

③商品陈列是否稳固安全

（5）防火防盗检查

①销售人员是否具备防火、防盗知识

②消防器械是否安放于固定场所

③危险之处是否有易燃杂物

④烟灰缸是否存留余火

⑤煤气开关是否损坏

⑥楼梯、通道、仓库及店铺周围是否有障碍物

⑦保险柜、收款台是否上锁

⑧门窗是否关好

⑨贵重物品的数量是否已经清点

⑩商店关门后是否常有无关人员滞留

（6）广告宣传用品的检查整理

①广告张贴是否整齐美观

②广告宣传品是否污损

③广告宣传与实际销售是否相符

④购物指南、商品分布图等是否清楚

⑤各类宣传广告中文字是否有误

（7）商店周围环境检查整理

①商店周围是否能保持整洁卫生

②商店外部设施是否运转正常

③外部装饰有无损坏

**行为管理**

1. 商品陈列

销售人员须将商品陈列视为一种重要的销售技巧和促销技巧，认真思考，合理布局。

（1）符合一般视觉规律

商品陈列须便于顾客察看，商品的种类、名称、价格等要一目了然。

（2）便于顾客选取

开架售货的货架高度不得超过顾客所能触及的范围。

（3）注意商品组合

商品陈列切忌千篇一律，单调呆板。应通过商品组合营造美感，增强商品吸引力，刺激顾客购买欲望。

2. 商品整理

商品整理是将商品物归原位、各适其所。为此，须将经销商品分类，确定放置场所，并记录备案。

3. 商品标签

（1）销售人员须认识到商品标签的重要作用，即能够向顾客传播商品主体信息。

（2）标签上应标明商品名称、规格、价格、颜色、产地等。

（3）一件商品必须对应一个标签，可以按照商品的种类，使用不同颜色的标签。

（4）对标签应经常加以检查，防止出现错误的情况。

4. 商品供销动向把握

（1）所谓商品供销动向的把握，是指对一定期间内的商品销售和采购状况具有准确的了解，其中最重要的是对各类商品销售状态的把握，其目的是为了更全面准确地向顾客介绍推荐商品，从而扩大商品销售。

（2）把握商品供销动向的主要方法：

①全面观察法

在销售活动中，应随时随地观察各种商品的需求状况和销售状况，随时观察，随时记录，随时分析。

②销售额分析法

分析各类商品销售额的增减变化，以确定何种商品畅销、何种商品持平、何种商品滞销。

③销售量分析法

依据进货记录，结合存货情况，定期盘点，以把握某一期间内各种商品的销售情况。

5. 减少工作失误

销售人员应严格要求自己，将工作失误减少到最小。以下失误均须避免：

（1）事务部门

①账目不清

②成本、销价核算有误，定价不准确

③采购、退货等账目处理有误

④销售商品与销售凭证不符

⑤记账时出现错记、漏记、重记

（2）收款结账部门

①看错标签，收款错误

②计算有误，款额不符

（3）销售人员

①因方法不当或疏忽造成商品的破损

②由于疏忽而导致商品被盗

③标签价格填错

（4）检验部门

①商品数量盘点不准确

②对于质量不合格商品把关不严

（5）商品管理部门

①因排水防雨不及时而造成商品污损

②因防暑防寒措施不当造成商品损坏

③因超量进货造成积压

（6）其他

①因顾客责任出现商品退换

②因顾客责任造成商品污损

③发生商品被盗

**勤务**

1. 休假

（1）休假必须在 5 天前向有关负责人提出申请，经批准后方可进行。

（2）因生病等特殊原因需要休息时，须在当日营业前请有关负责人核准。

（3）原则上非节假日不准休假，特殊情况应事先申请，经上级批准后施行。

2. 迟到和早退

（1）所有员工均须严守勤务纪律，不得任意迟到、早退。

（2）迟到、早退确有原因者，应提前通知和请示上级，否则即视为违反纪律。

3. 休息时间

休息时间内，销售人员可用于就餐、店内购物、化妆、休息等。一般情况下应在专用休息室休息。

4. 外出

在休息时间一般不得擅自离开商店，如果确属需要，应将理由、去向、所需时间向有关负责人说明。如果在工作时间暂时离开工作岗位，须与同事声明，以免影响工作。

5. 员工购物

（1）购物时间应利用非工作时间，如休息时间、上班前或下班后。

（2）严禁在购物高峰时间同顾客一同购物。在营业时间内，严守顾客优先原则。

（3）对限量销售商品，应礼让顾客。

（4）对已经购买的商品，应保存好发票，以供携商品外出时核查之用。

6. 电话业务

（1）基本要求

①语言应简单明了、热情亲切

②应使用普通话，声音要清晰洪亮

③通话中不得与他人说笑

④若电话中断，应立即挂上听筒，等待对方重新打进

⑤对重要事项，必须进行记录

⑥要听到对方挂上话机的声音后，再行挂断电话

（2）拨打电话

①拨打电话时，首先要确认对方的号码和姓名

②主动报出自己的单位和姓名

③讲话尽量简洁，对重要问题应进行记录

④通话中若要与他人讲话，应先向对方致歉

（3）接听电话

①电话铃响后应迅速接听，报出单位名称，然后询问对方事由

②自己如果不能决定时，应请示主管后再作答复

7. 私人电话

私人电话尽量不占用办公电话，特殊情况须经上级同意方可使用，但只限市内电话，否则应交纳长途话费。

8. 收款复核

（1）基本要求

①准确。无论复核商品还是计价收款，都必须准确无误；

②迅速。不得令顾客长时间排队等候；

③亲切。必须亲切周到，努力为顾客留下良好印象。

（2）注意问题

①相关人员必须清楚自己的职责，认识自身工作的重要性；

②营业前，必须将各类票据、印章、印泥、包装纸、包装袋、包装绳等准备就绪；

③营业中不得擅离工作岗位；

④经常检查收银机的运转情况。

9. 店内外扫除

在关门前30分钟清扫店内外，方法是由外到里。店内清扫要等顾客全部走后方可进行。

10. 例会

待店面扫除结束、主要出入口门窗关好后，应到指定场所集合，听取主管总结本日工作、布置明日工作，然后离店。

11. 自我总结

销售人员结束一天工作后，应对自己一天的工作情况进行总结反省：

（1）今天工作态度、服务质量、勤务状况如何。

（2）今天的销售业绩如何，是否完成预定任务。

（3）工作过程中与同事和主管是否保持了良好的人际关系。

（4）对明日的工作是否明确。

## 8.11 销售订单登记表

月份　　　　　　　　　　　　　　　　　　　　　　　　　页次

| 接单日期 | 制造 | 客户名称 | 产品名称 | 数量 | 出口条件 | 单价 | 金额 | 预定交货 | 信用情况 | 生产日期 | 装船 | 押送日期 | 运费保险 | 运费 | 退税凭证 |
|---|---|---|---|---|---|---|---|---|---|---|---|---|---|---|---|
| 年月日 | 单号 | | | | | | | | 已接单 截止日 | | | 自至 | 自至 | | |
| | | | | | | | | | | | | | | | |
| | | | | | | | | | | | | | | | |
| | | | | | | | | | | | | | | | |
| | | | | | | | | | | | | | | | |
| | | | | | | | | | | | | | | | |
| | | | | | | | | | | | | | | | |
| | | | | | | | | | | | | | | | |
| | | | | | | | | | | | | | | | |
| | | | | | | | | | | | | | | | |
| | | | | | | | | | | | | | | | |

## 8.12 销售顾客移交表

| 客户名称 | 等级 | 卡片编号 | 组织 | 采购产品代号 | 经办人 | 电话 | 客户类别 新 | 客户类别 旧 | 交货地点 | 付款地点 | 未收款合计金额 | 未交订单 | 顾客付款态度 | 其他移交事项 |
|---|---|---|---|---|---|---|---|---|---|---|---|---|---|---|
|  |  |  |  |  |  |  |  |  |  |  |  |  |  |  |
|  |  |  |  |  |  |  |  |  |  |  |  |  |  |  |
|  |  |  |  |  |  |  |  |  |  |  |  |  |  |  |
|  |  |  |  |  |  |  |  |  |  |  |  |  |  |  |
|  |  |  |  |  |  |  |  |  |  |  |  |  |  |  |
|  |  |  |  |  |  |  |  |  |  |  |  |  |  |  |
|  |  |  |  |  |  |  |  |  |  |  |  |  |  |  |
|  |  |  |  |  |  |  |  |  |  |  |  |  |  |  |
|  |  |  |  |  |  |  |  |  |  |  |  |  |  |  |
|  |  |  |  |  |  |  |  |  |  |  |  |  |  |  |

监交人： 接交人： 移交人：

## 8.13 营业状况报告表

单位＿＿＿＿＿＿＿＿＿＿＿＿＿＿＿＿＿＿＿＿＿＿＿＿＿＿年＿＿月

| 认可签章 | 董事长 | 总经理 | 经　理 | 销售部长 | 组　长 | 经办人 |
|---|---|---|---|---|---|---|
|  |  |  |  |  |  |  |

| 要求 | |
|---|---|

| 营业部经过报告 | |
|---|---|

| 财务部 | | 审查部 | |
|---|---|---|---|

## 8.14 销售业绩综合报告表

销售员姓名：　　　　　　　　　　　　　　　　　___年___月

| 日 | 星期 | 店面招呼客数 | 访问件数 | 送货件数 | 销售件数 | 收款件数 | 前月赊销 | 销售金额 | 收款金额 | 赊销余额 | 备注 |
|---|---|---|---|---|---|---|---|---|---|---|---|
| 1 | | | | | | | | | | | |
| 2 | | | | | | | | | | | |
| 3 | | | | | | | | | | | |
| 4 | | | | | | | | | | | |
| 5 | | | | | | | | | | | |
| 6 | | | | | | | | | | | |
| 7 | | | | | | | | | | | |
| 8 | | | | | | | | | | | |
| 9 | | | | | | | | | | | |
| 10 | | | | | | | | | | | |
| 11 | | | | | | | | | | | |
| 12 | | | | | | | | | | | |
| 13 | | | | | | | | | | | |
| 14 | | | | | | | | | | | |
| 15 | | | | | | | | | | | |
| 16 | | | | | | | | | | | |
| 17 | | | | | | | | | | | |
| 18 | | | | | | | | | | | |
| 19 | | | | | | | | | | | |
| 20 | | | | | | | | | | | |
| 21 | | | | | | | | | | | |
| 22 | | | | | | | | | | | |
| 23 | | | | | | | | | | | |
| 24 | | | | | | | | | | | |
| 25 | | | | | | | | | | | |
| 26 | | | | | | | | | | | |
| 27 | | | | | | | | | | | |
| 28 | | | | | | | | | | | |
| 29 | | | | | | | | | | | |
| 30 | | | | | | | | | | | |
| 31 | | | | | | | | | | | |
| 当月计 | | 人 | 件 | 件 | 件 | 件 | | | | | |
| 前月计 | | 人 | 件 | 件 | 件 | 件 | | | | | |

## 8.15　月份销售实绩统计表

| 姓名 | 销售额 | 销货退回 | 销货折让 | 销货报损 | 销货净额 | 成本 | 毛利 | 个人费用 薪金 | 个人费用 旅费 | 个人费用 其他 | 个人费用 合计 | 部门分摊 | 净利润 | 收款记录 应收 | 收款记录 实收 | 收款记录 未收 | 成效 |
|---|---|---|---|---|---|---|---|---|---|---|---|---|---|---|---|---|---|
|  |  |  |  |  |  |  |  |  |  |  |  |  |  |  |  |  |  |
|  |  |  |  |  |  |  |  |  |  |  |  |  |  |  |  |  |  |
|  |  |  |  |  |  |  |  |  |  |  |  |  |  |  |  |  |  |
|  |  |  |  |  |  |  |  |  |  |  |  |  |  |  |  |  |  |
|  |  |  |  |  |  |  |  |  |  |  |  |  |  |  |  |  |  |
|  |  |  |  |  |  |  |  |  |  |  |  |  |  |  |  |  |  |
|  |  |  |  |  |  |  |  |  |  |  |  |  |  |  |  |  |  |
|  |  |  |  |  |  |  |  |  |  |  |  |  |  |  |  |  |  |

## 8.16 销售业务状况报告表

| 访 问 客 户 ||| 收款 | 清款 | 有希望 | 无希望 | 访问经历 | 有无指导员 | 备 注 |
|---|---|---|---|---|---|---|---|---|---|
| 姓 名 | 住 址 | 职 业 | | | | | | | |
| | | | | | | | | | |
| | | | | | | | | | |
| | | | | | | | | | |
| | | | | | | | | | |
| | | | | | | | | | |
| | | | | | | | | | |
| | | | | | | | | | |

| 员工感想 | 批 示 |
|---|---|
| | |

## 8.17 销售业务日报表

___月___日

| 编号 | 客户名称 | 接洽人 | 订货名单 | 等级 | 数量 | 单价 | 金额 | 交货日期 | 其他接洽记录 |
|---|---|---|---|---|---|---|---|---|---|
| 1 | | | | | | | | | |
| 2 | | | | | | | | | |
| 3 | | | | | | | | | |
| 4 | | | | | | | | | |
| 5 | | | | | | | | | |
| 6 | | | | | | | | | |
| 7 | | | | | | | | | |
| 8 | | | | | | | | | |
| 9 | | | | | | | | | |
| 10 | | | | | | | | | |
| 合计 | | | | | | | | | |

| 今日访问家数 | | 本月累计访问家数 | | 明日预定访问客户 | |
|---|---|---|---|---|---|
| | | | | | |

本月营业目标： 　　当日收款总计： 　　已完成目标累计： 　　未完成目标累计：

| 市场动态品质反应 | | 主管评估工作价值 | |
|---|---|---|---|
| 总经理 | 经理 | 主管 | 制表 |

## 8.18 营业状况日报表

| 客户名称 | 接洽内容 ||||  订货额 | 收款额 | 费用支出 ||||  接洽时间 |||||||||||||  备注 |
|---|---|---|---|---|---|---|---|---|---|---|---|---|---|---|---|---|---|---|---|---|---|---|---|
| | 订货 | 联络 | 收款 | 送货 | | | 交通费 | 差旅费 | 交际费 | 其他 | 8. | 9. | 10. | 11. | 12. | 1. | 2. | 3. | 4. | 5. | 6. | |
| 1. | | | | | | | | | | | | | | | | | | | | | | |
| 2. | | | | | | | | | | | | | | | | | | | | | | |
| 3. | | | | | | | | | | | | | | | | | | | | | | |
| 4. | | | | | | | | | | | | | | | | | | | | | | |
| 5. | | | | | | | | | | | | | | | | | | | | | | |
| 6. | | | | | | | | | | | | | | | | | | | | | | |
| 7. | | | | | | | | | | | | | | | | | | | | | | |
| 8. | | | | | | | | | | | | | | | | | | | | | | |
| 9. | | | | | | | | | | | | | | | | | | | | | | |
| 10. | | | | | | | | | | | | | | | | | | | | | | |
| 摘要 | | | | | | | | | | | | | | | | | | | | | | |

## 8.19 业务员工作日报表

___月___日  星期___    上午天气：___  下午天气：___

| 编号 | 访问客户 | 访问时间 | 访问目的 ||||||  商谈结果 ||| 客户类别 ||| 预定再访时间 | 其他记录 |
|---|---|---|---|---|---|---|---|---|---|---|---|---|---|---|---|---|
| | | | 订货 | 收款 | 开发 | 服务 | 说明 | 其他 | 决定 | 未定 | 失败 | 开发 | 新增 | 原有 | | |
| | | | | | | | | | | | | | | | | |
| | | | | | | | | | | | | | | | | |
| | | | | | | | | | | | | | | | | |
| | | | | | | | | | | | | | | | | |
| | | | | | | | | | | | | | | | | |
| | | | | | | | | | | | | | | | | |
| | | | | | | | | | | | | | | | | |
| | | | | | | | | | | | | | | | | |
| | | | | | | | | | | | | | | | | |
| 备注 | | | | | | | | | | | | | | | | |
| 主管意见 | | | | | | | | | | | | | | | | |

## 8.20 营业状况月报表

|  |  | 月目标·实绩 |  |  |  |  |  |
|---|---|---|---|---|---|---|---|
|  |  | 目标 | 实绩 | 达成率 | 与上月比 | 实绩 |  |
| 销售额 |  |  |  |  |  |  |  |
| 毛利 |  |  |  |  |  |  |  |
| 回收率 |  |  |  |  |  |  |  |

[本月目标]

[活动报告]

[本月记载事项]

[次月目标]

|  | 本月差额 | 次月目标 | 次月活动计划 |
|---|---|---|---|
| 销售额 |  |  |  |
| 毛利 |  |  |  |
| 回收率 |  |  |  |

# 第 9 章

# 客户售后服务

## 9.1 售后服务管理办法

**总则**

1. 制定目的

为加强售后服务工作,提升公司形象,特制定本办法。

2. 适用范围

本公司产品销售之后,为客户提供各种服务工作,除另有规定外,悉依本办法执行。

3. 权责单位

(1) 售后服务部负责本办法制定、修改、废止之起草工作。

(2) 总经理负责本办法制定、修改、废止之核准。

**售后服务规定**

1. 售后服务种类

(1) 免费服务

在本公司产品售后免费保修期限内,为客户作产品保养或维护时,免向客户收取服务费用(包括免收零配件费用及维修工时费用),称为免费服务。

(2) 合同服务

在本公司产品售后,依与客户订立之产品保修合同或约定,为客户作产品的保养或维护时,向客户收取一定费用(一般收取零配件成本费用,免收维修工时费用),称为合同服务。

(3) 有偿服务

在本公司产品售出且逾保修期后,为客户作产品的保养或维护时,向客户收取服务费用(包括零配件费用及维修工时费用),称为有偿服务。

(4) 其他服务

除上述三种服务类型之外的其他服务,包括产品咨询服务、产品使用或日常保养指导、客户额外要求的满足等工作。

2. 售后服务流程

(1) 服务部或分公司接到客户需作产品维修服务之电话或文件时,应立即登记于《客户服务需求表》,并委派区域服务责任人员前往服务。

(2) 服务人员行前应根据客户预留的联络方式与客户取得联系,约定上门服务时间，并进一步核查故障或其他需服务的情形。

（3）服务人员到达客户现场，应尽快查明原因，并向客户作合理之解释，凡可当场处理妥当者，均应立即着手维修完成。

（4）确属无法当场处理妥当之项目，服务人员应耐心向客户说明，并承诺完成时间，然后将需带回本公司或分公司处理之零组件、产品取回。

（5）取回零组件、产品应与客户办妥书面交接手续，同时按时处理完成交还客户，并安装调试完好。

（6）服务人员在保养、维修完后，应于客户之产品保修卡上注明维修时间、内容，供下次维修时参考。

（7）服务人员应请客户在《客户服务需求表》上签字，作为认可维修工作之凭证。

（8）属合同服务或有偿服务的，服务人员应填妥正式发票给客户，并向客户收取合理之费用。

3. 其他服务规定

（1）售后服务部应根据客户购买本公司产品的时间，定期向客户垂询产品使用状况，了解客户的服务需求和对产品的满意状况。

（2）上门服务之人员应保持仪容整洁大方，注意言行举止礼貌有节，尊重客户的习惯，保证维修现场的整洁。

（3）任何人员接获客户电话，应注重礼仪，满足客户的咨询要求，委婉解释客户的误会。

（4）针对客户维修需求或抱怨，接获电话或信函、邮件投诉者，应耐心记录问题，及时回复客户，予以适当的抚慰，承诺服务时间，委婉消除误会。

（5）《客户服务需求表》应当日上交分公司主管审阅存档。

（6）服务部或分公司应于客户服务次日向该客户填寄客户意见调查卡，了解客户对本公司的服务满意度与建议。

（7）客户意见调查卡应包括对服务人员态度、技术能力、赴约时间、服务事项的满意状况以及客户的建议与其他需求。

（8）对客户的建议、需求或抱怨，各分公司应及时予以处理，向客户做出承诺和适当之抚慰。

（9）分公司无法处理之客户服务需求事项，应转报公司服务部，请求协助。

（10）总公司服务部应经常与各分公司及其服务部保持密切联系，催办督导各项客户服务工作，并协助其解决实际困难。

## 9.2 客户抱怨处理办法

**总则**

1. 制定目的

本公司为使产品销售过程中客户所发生之抱怨，能予以适当有效的处理，并防范类似的状况重复发生，以维护公司信誉及促进品质改善与售后服务，特制定本办法。

2. 适用范围

凡客户与本公司交易过程中，有下列情况发生时，均应依照本办法之规定办理：

（1）产品品质有瑕疵者。

（2）产品于运送过程中发生损坏者。

（3）包装不良或因此发生损坏者。

（4）品质、规格、型号、数量与销售合同不符者。

（5）其他品质上有缺陷或违反合约规定者。

（6）需要产品改进者。

3. 权责单位

（1）管理部负责本办法制定、修改、废止之起草工作。

（2）总经理负责本办法制定、修改、废止之核准。

4. 名词定义

名词定义客户抱怨是指客户对本公司产品品质或服务状况有所不满，而直接（对本公司）或间接（对销售店）所提出的退货、换货、减价、免费维修及赔偿等要求或改善建议。

**抱怨处理规则**

1. 抱怨处理流程

抱怨案件→调查→处理→对策→检讨→实施→报告→统计。

2. 抱怨管理

对客户抱怨之管理，应注意以下事项：

（1）对抱怨之处理流程是否加以管理，对处理不当之案件有没有加以改善。

（2）对客户采用替代品、退货、换货、减价、免费维修及赔偿等方案的处理，是否恰当及令客户满意。

（3）有关产品品质、售后服务或产品销售政策等是否存在客户抱怨。

（4）有没有对同样之抱怨在同一期间内所发生的频率进行统计，是否有对策，有没有立即改善。

（5）对部分容易忽略之抱怨来源（下列所示）是否能适时立即反应，受理单位是否依规定处理，并采取防范措施。

①售后服务之维修日报表

②销售经销商之品质联络书

③营业人员之工作日报表

④异常之品质退货、功能退货

⑤委托加工公司之书面联络或口头抱怨

⑥本公司同仁之书面联络或口头抱怨

⑦其他之书面联络或口头抱怨

**实施程序**

1. 受理体系

客户抱怨应由本公司业务部受理，并以本办法之流程处理。

2. 受理态度

本公司所有职工接到客户抱怨时（尤其是电话），除须注意应对礼貌外，应迅速转交承办之营业单位处理。

3. 受理原则

（1）营业单位接到客户抱怨时，应先查证其内容，若因客户误解或其责任不在本公司者，须向其详细解说无法受理之原因。

（2）营业单位受理客户抱怨后，应负责下列事项：

①客户抱怨案件内容调查整理与处理协调

②对客户抱怨处理原则之拟订与研议

③对抱怨客户之联系与答复

④其他处理工作

4. 处理原则

（1）营业单位

营业单位对于已受理之客户抱怨，除须填具《客户抱怨联络单》外，并应依其状况予以处理：

①如系品质、规格、数量与产品之标准有差异者，应将《客户抱怨联络单》转送品管单位，并在"对策单位"栏内填注对策单位。

②如与产品品质、规格、数量完全无关，纯为合同之问题，则应在《客户抱怨联络单》上签注处理意见后，呈报主管核定，并在"对策单位"栏内填注对策单位。

③如系业务作业程序所发生之问题，则依照《内销业务处理办法》之规定处理，并在"对策单位"栏内填注对策单位。

（2）品管单位

①品管单位接获营业单位所转来之《客户抱怨联络单》后，对抱怨产品进行质量检验，确认分析属于工厂哪个单位之权责，并将《客户抱怨联络单》转送到对策单位做详细调查。

②探讨抱怨客户之要求并研拟适当之解决方式。

③将解决对策填报于《客户抱怨联络单》内，转回原提报之营业单位。

④品管单位应对每一客户抱怨个案之调查进度、状况加以掌握与促进。

⑤定期制作客户品质抱怨案件之统计报告。

（3）其他对策单位

①对策单位接获营业单位所转来之《客户抱怨联络单》后，须详细调查分析客户抱怨所发生之原因及抱怨内容与事实是否相符。

②探究抱怨客户之要求并研拟适当之解决方式。

③将解决对策填报于《客户抱怨联络单》内，转回原提报之营业单位。

④对策单位应对每一客户抱怨个案之调查进度、状况加以掌握与督促。

⑤定期制作客户抱怨案件（产品品质之外）之统计报告。

（4）总经理室

①总经理室应定期召开"客户抱怨检讨会议"，并责成相关单位于期限内针对会议决议提出改善措施，且监督执行绩效。

②品管单位应在召开"客户抱怨检讨会议"前，对有关产品品质之内的客户品质抱怨案件加以统计、讨论并做成结论报告。

③其他对策单位应在召开"客户抱怨检讨会议"前，对产品品质之外的客户抱怨案件加以统计、讨论并做成结论报告。

5. 客户抱怨事件责任单位人员处罚

（1）总经理室应审视上月份结案的严重抱怨事件，凡经批示须行政处分者，经整理后送人事部提报公布。

（2）制造部门、业务部、品管部等其他部门的责任，归属单位或个人，由总经理室依抱怨事件发生原因、对公司影响程度决定责任归属单位，并开立《奖罚通知单》呈总经理核准后，送罚扣部门罚扣奖金。

6. 注意事项

（1）营业单位接获对策单位回复之《客户抱怨联络单》后，应依据对策内容拟议处理方案及答复方式，并呈部门主管核实。

（2）营业单位对所回复之对策方案不满意或无法接受时，可要求对策单位重拟对策，如有争议，可由总经理室协调，但必须注意答复时效。

（3）营业单位客户抱怨处理方案决定后，应以书面告知抱怨客户（所有对策答复均应在7日内为之）。

（4）营业单位或对策单位所决定之客户抱怨处理方案，如有关于退货、换货、减价、免费维修等，均应依照"内销业务处理办法"的规定办理。

（5）营业单位不得超越核决权限就抱怨处理与客户达成任何处理的答复协议或承诺。

（6）客户抱怨事件涉及其他公司、原料供应商等责任时，由总经理会同有关单位共同处理。

# 9.3　销售客户维护办法

**总则**

1. 制定目的

为加强客户保养，服务客户，保障销售市场竞争力，特制定本办法。

2. 适用范围

对与本公司有交易之客户的保养工作，均依本办法处理。

3. 权责单位

（1）业务部负责本办法制定、修改、废止之起草工作。

（2）总经理负责本办法制定、修改、废止之核准。

**客户保养规定**

1. 客户保养方式

对本公司之客户（经销商）保养方式，一般有以下几种：

（1） 电话保养。

（2） 书面致意。

（3） 登门拜访。

（4） 联谊活动。

（5） 其他。

2. 电话保养

（1） 业务部业务人员应与相应之客户保持适当的联络，不定期采用电话问候的方式与客户经办人员或主管沟通。

（2） 电话中应保持对客户之礼貌，主动问候客户及相关人员，表达谢意。

（3） 业务人员应于电话会谈之恰当时机，征询客户对本公司产品及服务的满意度和建议。

（4） 业务人员应了解客户之需求，并承诺服务之保障，委婉向客户解释误会，适时征询客户后续订单之意愿。

3. 书面致意

（1） 业务部业务人员可以个人或以公司之名义向客户作书面之致意问候，取得客户好感。

（2） 书面致意，一般有下列方式：

①逢年过节邮寄贺卡，发送电子邮件

②传递对账单、发票时，附上感谢信函、问候信函

③接获客户货款时，以感谢信函、电子邮件回复

④客户单位开张、周年庆或其他节日时，递呈贺件及礼品

4. 客户拜访

业务员对本地区客户每月至少应登门拜访一次，外省市之客户应集中于每季或每半年拜访一次。

（1） 登门拜访之目的

客户拜访之目的通常有下列几项：

①感情沟通

②产品售后服务

③了解客户意见与建议

④争取后续订单或意向

⑤其他有利双方合作之沟通

（2）拜访注意事项

登门拜访客户应注意事项：

①拜访客户前应制定访问计划表，详细填写拜访客户的名单、时间、顺序、目的和联络人等事项

②拜访客户前应先用电话、传真或其他方式联络好当事人

③应根据客户的重要程度决定拜访之频度、时间

④拜访客户之业务人员应注意仪表仪容、言行举止，维护本公司良好的形象

⑤与客户交谈应有礼有节、落落大方、不卑不亢，并做适当、必要之记录

⑥对客户应表示感谢、关心之情，并对其反馈的问题、建议认真倾听，及时回应，得体作答，委婉解释

（3）联谊活动

①业务部根据需要，可以举办各种与客户之联谊活动，以增进合作感情，争取老客户长期合作意向。

②联谊活动一般应针对个别客户进行，以确保交流的方便，达到活动之目的。

③必要时，每年可举办一至两次有多家客户参与之联谊活动，以推广公司产品，增进客户间的交流，提升公司形象。

④联谊活动应提前规划，并经权责主管核准。

（4）其他事项

①客户保养所需之经费由业务部纳入年度预算，并依预算执行。

②确因业务需要，经费开支预计超过预算时，应将保养计划、经费明细先呈总经理核准后方可执行。

③客户保养中接获之客户建议、抱怨由业务部汇总，转权责单位处理，并由业务部负责追踪。

④客户之建议、抱怨应及时予以必要的回复，并尽力消除由此造成的客户不满，以确保营业目标之达成。

## 9.4　客户提案意见处理办法

*总则*

1. 制定目的

为改进产品品质与服务，听取客户意见，采纳合理建议，特制定本办法。

2. 适用范围

本公司产品客户（包括中间商与消费者）对本公司提出的建设性意见，其处理悉依本办法执行。

3. 权责单位

（1）业务部负责本办法制定、修改、废止之起草工作。

（2）总经理负责本办法制定、修改、废止之核准。

**客户提案意见处理规定**

1. 客户提案意见来源

客户提案意见的主要来源有下列几种：

（1）定期对客户的追踪调查。

（2）客户的投诉。

（3）售后服务中客户的建议。

（4）对客户保养、拜访时获得的客户建议。

（5）客户提出的产品改进需求。

（6）其他渠道获得的客户建议。

2. 客户提案意见类型

客户的提案意见大都为品质改善、成本降低及售后服务方面，一般有下列几种情形：

（1）改善产品品质建议。

（2）产品包装、形象、广告方面的建议。

（3）降低成本，从而降低价格的建议。

（4）产品使用性能改善的建议。

（5）提供新材料、新零件的建议。

（6）改善销售渠道与方式的建议。

（7）改善物流、运输方式的建议。

（8）改进售后服务的建议。

（9）其他建议。

3. 客户提案意见的受理与处置

（1）客户服务部、业务部、开发部、品管部等部门均可能接获客户之提案意见。

（2）接获客户提案部门应仔细了解客户建议的内容，并整理记录于《客户提案书》中。

（3）接获客户提案部门在受理期间，应委婉向客户说明，承诺回复或改善之期限，有礼有节，保障公司之形象，满足客户之需求。

（4）接获提案部门将《客户提案书》转交业务部统一处理。

（5）业务部依提案涉及权责部门，将《客户提案书》一份送达权责部门，并追踪其回复、执行。

（6）权责部门应仔细评估客户之提案，原则上于2周内应提出分析报告，就是否采纳客户建议提出结论，并呈权责主管审批。

（7）业务部负责追踪，并视情形回复客户提案采纳状况和实施状况。

4. 其他规定

（1）客户提案对本公司产生较大的形象改善或经济利益时，应酌情奖励提案客户。

（2）对客户抱怨或提案，不论结果如何，均应向客户妥为回复，取得客户之谅解或降低其不满意度。

（3）对恶意提案或诽谤，处理时应以不卑不亢之态度为之，必要时可利用法律形式解决。

（4）处理客户提案工作有方，为公司带来较大之利益者，依公司之奖惩办法给予奖励；反之，对拖延处理或处理不力者，应予以相应之惩处。

（5）由于客户提案而产生发明权、专利权等，应依国家相关法规处理。

## 9.5　客户满意度调查办法

**总则**

1. 制定目的

为了解本公司产品及服务品质，提升客户满意度，特制定本办法。

2. 适用范围

本公司产品销售后，对客户的满意度调查，均依本办法办理。

3. 权责单位

（1）业务部负责本办法制定、修改、废止之起草工作。

（2）总经理负责本办法制定、修改、废止之核准。

### 客户满意度调查办法实施规定

1. 客户满意度调查目的

本公司开展客户满意度调查的目的主要有：

（1）了解客户对本公司产品及服务的满意度。

（2）了解客户对本公司产品与其他公司同类产品的比较状况。

（3）了解客户的要求和建议。

（4）通过满意度调查检讨本公司经营管理、产品品质、售后服务等各项工作之不足，并借此加以改善提高。

（5）评估产品后续开发生产的趋势。

2. 调查的对象和时机

（1）购买本公司产品的客户为实施满意度调查之对象，在其购买之产品包装内附有本公司客户满意度调查表及信封（含邮资）。

（2）需本公司进行产品保养、维护之客户，在维修后对其实施满意度调查。

（3）本公司业务人员拜访、保养之客户，在拜访时实施满意度调查。

（4）其他特定状况下实施满意度调查（如促销、随机访谈等）

3. 售后满意度调查

（1）本公司产品包装内附有客户调查表及邮寄信封（含邮资），向购买该产品之消费者征询意见。

（2）调查表中向消费者征询意见之项目有以下几项：

- 产品使用性能
- 产品外观与包装
- 产品价格
- 产品设计
- 与其他公司产品的比较
- 服务
- 客户其他建议或需求

（3）上述每一项目均须详细区分更细之内容，并在每一项内容后，附上"很满意"、"比较满意"、"基本满意"、"不太满意"、"不满意"五项供选择，并留有空格供客户填写补充意见。

4. 售后服务调查

（1）本公司针对客户需求作售后服务后，由服务部向客户作售后服务征询调查。

（2）调查表中向客户征询意见之项目有以下几项：
- 服务人员态度
- 服务人员技术能力
- 赴约时间
- 服务事项
- 其他建议或需求

（3）上述每项视需要区分为更细之内容，同时提供五档满意程度供客户选择，并留有空格供客户补充意见。

5. 客户访问调查

（1）本公司业务人员拜访客户时，除口头征询客户意见外，应请客户填具书面之调查表。

（2）调查表中向客户征询意见之项目有以下几项：
- 产品设计、品质
- 产品价格
- 与其他公司产品的比较
- 售后服务
- 其他建议或需求

（3）上述每一项视需要区分为更细之内容，同时提供五档满意程度供客户选择，并留有空格供客户补充意见。

6. 满意度调查分析

（1）业务部负责将回收之客户调查表进行统计分析。

（2）将分析结果送权责单位了解，对需改善部分以客户提案书或客户抱怨形式要求权责单位改善，并予以追踪。

（3）对需回复、抚慰之客户，予以及时周到之回复或服务。

（4）视新产品或市场状况，修改调查表内容。

（5）客户拜访、联谊等重大事项，应及时记录并存档。

（6）业务部应建立客户档案，并保存客户保养记录，以更好地服务客户。

## 9.6 不良客户处理办法

**总则**

1. 制定目的

为加强客户管理，提升公司形象，确保营业目标顺利达成，特制定本办法。

2. 适用范围

本公司客户（非终端消费者）管理中对不良客户之处理，均依本办法执行。

3. 权责单位

（1）业务部负责本办法制定、修改、废止之起草工作。

（2）总经理负责本办法制定、修改、废止之核准。

**不良客户处理规定**

1. 不良客户种类

有下列情形之一的客户属不良客户之列：

（1）一年以上没有与本公司交易者。

（2）拖欠货款逾期一年且无意归还者。

（3）破产、倒闭、经营严重亏损者。

（4）有严重违反国家法律法规行为，或不正当经营者。

（5）其他有严重损坏本公司形象、业务之情形者。

2. 不良客户处理办法

（1）一般原则

- 停止业务往来
- 追讨所欠款项
- 停止发送产品
- 从客户档案中清除
- 其他必要措施

（2）特殊原则

针对不同性质之不良客户，除上述一般原则适用外，可以采用以下一种或几种处理方式：

- 声明断绝业务关系
- 法律诉讼索赔、追款

- 冻结往来账户
- 其他必要措施

3. 不良客户处理职责

（1）业务部负责合同清理、货物及货款结算、档案清除等工作。

（2）财务部负责银行手续、金融凭证、账款核算等工作。

（3）行政部负责法律事务处理工作。

4. 善后工作

（1）业务部应将不良客户产生之原因进行分析，提出预防对策，呈总经理审阅。

（2）业务部应就不良客户事件作内部检讨和训练，并将事件分析报告存档备查。

（3）对不良客户事件负有直接或间接重大责任的人员，依公司规定予以惩处；反之，对处理事件有方，挽回公司损失之有功人员，予以适当奖励。

## 9.7　售后服务报告表

___年___月___日　　　　　　　　　　　编号_____

| 访问日期 |  | 访问客户 |  |
|---|---|---|---|
| 访问重点 ||||
| 访问记录 ||||
|  |  |  |  |

## 9.8 售后服务调查表

| 客户名称 | | | | | | | 购买时间 | |
|---|---|---|---|---|---|---|---|---|
| 地　　址 | | | | | | | | |
| 联系方式 | | | | | | | | |
| 服务类型 | □免费服务　　□合同服务　　□有偿服务　　□其他 | | | | | | | |
| 调查项目 | 内容 | A | B | C | D | E | 其　他 | |
| 服务人员态　　度 | | | | | | | | |
| 服务人员技术能力 | | | | | | | | |
| 赴约时间 | | | | | | | | |
| 服务事项 | | | | | | | | |
| 客户建议或要求 | | | | | | | | |
| 备注 | 1. 请在 A~E 栏中打"√"，并敬赠您的宝贵意见。<br>2. A—极满意　B—比较满意　C—基本满意　D—不太满意　E—不满意 | | | | | | | |

## 9.9 客户服务需求表

NO._____
日期：_____

| 客户名称 | | 电话 | |
|---|---|---|---|
| 地　　址 | | | |

| 需服务内容 | |
|---|---|

| 服务信息获得方式 | | 时间 | |
|---|---|---|---|
| 记录单位 | | 主管： | 经办人： |

| 服务记录 | |
|---|---|
| | 经办人： |

| 客户意见 | |
|---|---|
| | 客户： |

| 审阅 | |
|---|---|
| | 主管： |

## 9.10 客户抱怨联络单

No. _____
日期：_____

| 顾客名称 | | 性别 | □男 □女 | 地址 | | 联络电话 | |
|---|---|---|---|---|---|---|---|
| 投诉内容 | 记录_____ | | | | | 投诉方法 | □电话 □邮件 □面访 |
| 投诉资料 | □附信件 □其他 | | □附不良样品 | | | 对策单位 | |
| 调查 | | | | | | 责任者_____ 日期_____ | |
| | | | | | | 责任者_____ 日期_____ | |
| 处理 | | | | | | 责任者_____ 日期_____ | |
| | | | | | | 责任者_____ 日期_____ | |
| | | | | | | 责任者_____ 日期_____ | |
| 备注 | | | | | | | |

总经理：　　　　　主管：　　　　　　　　　　营业经办：

## 9.11 客户抱怨处理表

受理日期:　　　　　　　　　　　　　　　　　　　　　附　件:＿＿＿
填表单位:　　　　　　　　　　　　　　　　　　　　　客诉编号:＿＿＿
填表人:　　　　　＿＿年＿＿月＿＿日　　　　　　　　客户代号:＿＿＿

| 接单日期: | 接单人: | 客户名称: | 负责人: |
|---|---|---|---|
| 受订编号: | 制造单位: | 地　　址: | 存货地址: |
| 交运编号: | 料　　号: | 联络人: | 电　话: |
| 交货日期: | 单　　价: | 客诉方式:□电话　□书信　□其他 ||
| 交货数量: | 交货金额: | 不良数量: | 产品用于:□内销　□外销　□合作外销 |
| 发票日期: | 发票号码: || □其他 |
| 本批货款:□已全部收回 □部分收回金额<br>　　　　　□尚未收回　□其他 || 客户有无质量确认:□有　□无<br>产品名称: ||
| 本批货品:□已经使用　□部分使用数量<br>　　　　　□尚未使用　□其他 || 本次客诉:本年度第　　次客诉<br>协调后拟:□退回数量　　金额<br>　　　　　□补送数量　　金额<br>　　　　　□重修数量　　金额<br>　　　　　□折让数量　　金额<br>　　　　　□索赔数量　　金额 ||
| 发现本批客诉系客户在:　□入库时<br>　　　　　□生产线上　□制成品<br>　　　　　□出口后遭客诉　□其他 ||||
| 客户发现日期:　　　客户反应日期: ||||
||| 客诉比率:　　%(客诉损失金额÷交货金额) ||
| 客　诉　内　容 || 业务部主管意见 | 业务部(副)经理意见 |
|  ||||

| 质管单位检验分析及异常判定 |||
|---|---|---|
|  || 经　理 |
|  || 副经理 |
|  || 经办人 |

| 制造单位异常原因分析及改善对策 | 经理室意见 ||
|---|---|---|
|  | 经　理 ||
|  | 副经理 ||
|  | 经办人 ||

| 研究开发部意见 || 业务部门处理意见 ||
|---|---|---|---|
|  | 经　理 || 经　理 |
|  | 副经理 || 副经理 |
|  | 经办人 || 经办人 |

| 总经理室综合意见 || 业务员部门处理结果 ||
|---|---|---|---|
|  | 经　理 || 经　理 |
|  | 经办人 || 副经理 |
|  |  || 经办人 |

| 总经理 | 副总经理 | 经(副)理 | 责任归属 ||||
|---|---|---|---|---|---|---|
|  |  |  | 单位 | 比率 | 金额 | 结案日期 销案日期 |
|  |  |  |  |  |  |  |

一式五联:业务部门→总经理室(1/2天)→质量管理单位(1天)→制造单位(1天)→研发部(1天)→业务部门(国外12天 国内5天)→总经理室(1/2天)→呈核①质量管理部②业务部门③制造单位④会计单位

## 9.12 抱怨处理报告表

| 抱怨处理报告书 | 年　　月　　日 |
|---|---|
| | 报告人：　　　　签章： |
| 抱怨受理时间 | 年　　月　　日 上午、下午　　时　　分 |
| 抱怨受理者 | 1. 信　2. 传真　3. 电话　4. 来访　5. 店内 |
| 抱怨内容 | 内容分类：1. 品质（有杂物）　2. 品质（故障）　3. 品质（损坏） |
| | 4. 品质（其他）5. 数量 6. 货期 7. 态度 8. 服务 |
| | |
| | |
| 抱怨见证人 | |
| 地　　址 | |
| 处置紧急度 | 1. 特急　2. 急　3. 普通 |
| 承办人 | |
| 处理日 | |
| 处理内容 | |
| | |
| | |
| 费用 | |
| 保障 | |
| 原因调查会议 | |
| 原因 | 1. 严重原因 2. 偶发原因 3. 疏忽大意 4. 不可抗拒原因 |
| | |
| 记载事项 | |
| 检讨 | |

## 9.13　售后满意度调查表

| 客户名称 | | | | | | | 购买时间 | | |
|---|---|---|---|---|---|---|---|---|---|
| 地　　址 | | | | | | | | | |
| 联系方式 | | | | | | | | | |
| 调查项目 | 内　　容 | | A | B | C | D | E | 意见 | |
| 产品使用性能 | | | | | | | | | |
| | | | | | | | | | |
| | | | | | | | | | |
| | | | | | | | | | |
| 产品外观与包装 | | | | | | | | | |
| | | | | | | | | | |
| 产品价格 | | | | | | | | | |
| | | | | | | | | | |
| 产品设计 | | | | | | | | | |
| 与其他公司产品的比较 | | | | | | | | | |
| | | | | | | | | | |
| 服务 | | | | | | | | | |

客户意见栏

客户：

| 备注 | 1. 请在 A~E 栏中打"√"，并敬赠您的宝贵意见。<br>2. A—极满意　B—比较满意　C—基本满意　D—不太满意　E—不满意 |
|---|---|

## 9.14　客户案件登记追踪表

___年___月　　　　　　　　　　　　　　　　　　No. _____

| 件数 | 受理日期 | 受理字号 | 客户 | 交货单编号 | 品名规格 | 交运日期 | 交运金额 | 数量 | 不良数量 | 客诉内容 | 制造部门 | 处理方式 | 损失金额 | 责任归属部门 | 个人惩处比率% | 姓名 | 类别 | 收件 | 处理时效 质管部门 | 处理时效 会签部门 | 处理时效 业务部门 | 处理时效 总经理室 | 结合结案计期/ | 督促记录 | 结案编号 |
|---|---|---|---|---|---|---|---|---|---|---|---|---|---|---|---|---|---|---|---|---|---|---|---|---|---|
| 1. | | | | | | | | | | | | | | | | | | | | | | | | | |
| 2. | | | | | | | | | | | | | | | | | | | | | | | | | |
| 3. | | | | | | | | | | | | | | | | | | | | | | | | | |
| 4. | | | | | | | | | | | | | | | | | | | | | | | | | |
| 5. | | | | | | | | | | | | | | | | | | | | | | | | | |
| 6. | | | | | | | | | | | | | | | | | | | | | | | | | |
| 7. | | | | | | | | | | | | | | | | | | | | | | | | | |
| 8. | | | | | | | | | | | | | | | | | | | | | | | | | |
| 9. | | | | | | | | | | | | | | | | | | | | | | | | | |
| 10. | | | | | | | | | | | | | | | | | | | | | | | | | |
| 11. | | | | | | | | | | | | | | | | | | | | | | | | | |
| 12. | | | | | | | | | | | | | | | | | | | | | | | | | |
| 13. | | | | | | | | | | | | | | | | | | | | | | | | | |
| 14. | | | | | | | | | | | | | | | | | | | | | | | | | |
| 15. | | | | | | | | | | | | | | | | | | | | | | | | | |
| 16. | | | | | | | | | | | | | | | | | | | | | | | | | |
| 17. | | | | | | | | | | | | | | | | | | | | | | | | | |
| 18. | | | | | | | | | | | | | | | | | | | | | | | | | |
| 19. | | | | | | | | | | | | | | | | | | | | | | | | | |
| 20. | | | | | | | | | | | | | | | | | | | | | | | | | |

## 9.15 不良客户报告表

NO.＿＿＿＿＿＿

| 客户名称 | | 客户类型 | |
|---|---|---|---|
| 地　　址 | | | |
| 联系方式 | | | |
| 不良情况 | | | |
| 原因分析 | | | |
| 处理方式 | | | |
| 后续对策 | | | |
| 备注 | | | |

主管：　　　　　　审核：　　　　　　　　　　　填表：

## 9.16　客户投诉案件统计表

月份：　　　　　　　　　　　　　　　　　___年___月___日

| 客诉日期 | 客诉编号 | 客户 | 品名规格 | 交运日期 | 日期数量 | 不良数量 | 客诉内容 | 责任单位 | 处理方式 赔款 | 处理方式 退货 | 处理方式 折价 | 损失金额 | 备注 |
|---|---|---|---|---|---|---|---|---|---|---|---|---|---|
| | | | | | | | | | | | | | |
| | | | | | | | | | | | | | |
| | | | | | | | | | | | | | |
| | | | | | | | | | | | | | |
| | | | | | | | | | | | | | |
| | | | | | | | | | | | | | |
| | | | | | | | | | | | | | |
| | | | | | | | | | | | | | |
| | | | | | | | | | | | | | |
| | | | | | | | | | | | | | |

## 9.17 销售客户提案表

| 受理编号： | | | | 提出：___年___月___日 | |
|---|---|---|---|---|---|
| 提案名 | | 企业名（提案者）： | | | |
| 采购部门 | 采购者 | 电话 | | 资材科长 | 主管者 |
| 提案内容（客户填写） | 新 | | 旧 | | |
| | | | 样品有无 | 附件有无 | 成本降低额 |
| 分析评价内容 | 资材料 | | | | 领导签字 |
| | | | | | 科长签字 |
| | | | | | 领导签字 |
| 结果 | 是否采纳的理由 | | 评价 | 采用　不采用　研究中 | |
| | | | 效果 | 元/年 | 实施 |
| | | | 确认（签字） | | |

## 9.18　客户投诉记录表

经办人：　　　　　　　　　　　　　　　　　___年___月___日

| 客户 | 订单编号 | 制造部门 | 交运日期及次序 |
|---|---|---|---|
| 品名及规格 | 单位 | 交货数量 | 金额 |
|  |  |  |  |
|  |  |  |  |

| 投诉内容 | 投诉理由 |  |  |  |  |  |  |  | 经办 |
|---|---|---|---|---|---|---|---|---|---|
|  | 客户要求 | 赔款 | 元 | 折价 | % | 元 | 退货 | 数量：<br>金额： | 其他 |
|  | 经办人意见 |  |  |  |  |  |  |  | 经理 |

| 营销部意见： | 采购意见（采购如涉及供应商同意事项，应附供应商同意书）： |
|---|---|

制造单位意见：

制造车间意见：

财务部意见：

副总经理批示：

总经理批示：

注：本表一式五份，分别交营业部、财务部、研究开发部、商品管理部和业务部。

## 9.19 客户投诉处理日报表

| 勤务\人员 | 上午 | 下午 | 晚上 | 值班人 | 迟到、早退、缺勤者 |
|---|---|---|---|---|---|
| 接待流程 | （营业部门） | | | （总务部门） | |
| 客户问题 | | | | | 签名 |
| 改善意见、看法，联络 | 处理困难 | | | | |
| | 事项 | | | | |
| 明日 | 预定 | | | | |
| 上级 | 指示 | | | | |
| 主管栏 | | | | | |
| 当事者签名 | | | | | |

经理：　　　单位主管：　　　　填表：

注：1. 本表的投诉还包括顾客和客户提出的意见、抱怨等。

　　2. 本表由综合服务台或值班经理负责填写。

## 9.20 客户索赔一览表

月份：　　　　　　　　　　　　　　　　　___年___月

| 发文日期/发文号 | 客户名 | 品名 | 理由 | 重 要 度 | 客户回答 | 工厂答复 | 发生 日 时 | 联络 日 时 | 经过时间 |
|---|---|---|---|---|---|---|---|---|---|
|  |  |  |  | 〔〕最重要 〔〕重要<br>〔〕普通 〔〕不重要 |  |  |  |  |  |
|  |  |  |  | 〔〕最重要 〔〕重要<br>〔〕普通 〔〕不重要 |  |  |  |  |  |
|  |  |  |  | 〔〕最重要 〔〕重要<br>〔〕普通 〔〕不重要 |  |  |  |  |  |
|  |  |  |  | 〔〕最重要 〔〕重要<br>〔〕普通 〔〕不重要 |  |  |  |  |  |
|  |  |  |  | 〔〕最重要 〔〕重要<br>〔〕普通 〔〕不重要 |  |  |  |  |  |
|  |  |  |  | 〔〕最重要 〔〕重要<br>〔〕普通 〔〕不重要 |  |  |  |  |  |
|  |  |  |  | 〔〕最重要 〔〕重要<br>〔〕普通 〔〕不重要 |  |  |  |  |  |
|  |  |  |  | 〔〕最重要 〔〕重要<br>〔〕普通 〔〕不重要 |  |  |  |  |  |

注：发生索赔时，一般应按客户→销售单位→制造工厂→设计科→质量管理科→生产科的流程来拟定处理对策。